2022 트렌드 노트

2022 트렌드노트
라이프스타일의 시대에서 신념의 시대로

2021년 10월 25일 초판1쇄 발행
2021년 12월 24일 초판3쇄 발행

지은이 신수정, 박현영, 구지원, 조민정, 최재연, 이원희, 정석환

펴낸이 권정희
펴낸곳 ㈜북스톤
주소 서울특별시 성동구 연무장7길 11, 8층
대표전화 02-6463-7000
팩스 02-6499-1706
이메일 info@book-stone.co.kr
출판등록 2015년 1월 2일 제2018-000078호
ⓒ 신수정, 박현영, 구지원, 조민정, 최재연, 이원희, 정석환
(저작권자와 맺은 특약에 따라 검인을 생략합니다)
ISBN 979-11-91211-50-4 (03320)

북스톤은 세상에 오래 남는 책을 만들고자 합니다. 이에 동참을 원하는 독자 여러분의 아이디어와 원고
를 기다리고 있습니다. 책으로 엮기를 원하는 기획이나 원고가 있으신 분은 연락처와 함께 이메일 info@
book-stone.co.kr로 보내주세요. 돌에 새기듯, 오래 남는 지혜를 전하는 데 힘쓰겠습니다.

2022 트렌드 노트

라이프스타일의 시대에서 신념의 시대로

신수정 · 박현영 · 구지원 · 조민정 · 최재연 · 이원희 · 정석환 지음

북스톤

데이터가 존재하는가?
읽을 수 있는가?
데이터를 믿는가?

　이 책의 정체성은 '빅데이터를 통한 생활변화관측기'다. '데이터'를 통해 '생활의 변화'를 관측했다는 것이다. 데이터가 없다면 이 책의 신뢰성은 무너진다. 데이터를 통해 무언가(여기서는 생활의 변화)를 보지 않았다면 그 역시 무의미하다. 대부분의 사람들은 이 책에서 생활의 변화라는 내용을 읽을 것이다. 다른 책보다는 숫자로 표현된 데이터가 많이 들어 있지만 챕터마다 최대 8개를 넘지 않으려고 애썼다. 데이터가 많으면 가독성이 떨어지기 때문이다. 그만큼 우리는 데이터를 읽는 데 익숙하지 않다.

　그럼에도 데이터를 통했다는 것은 이 책의 어필 포인트다. 본격적인 내용을 읽기 전에 데이터에 대한 이러한 이중감정, 즉 중요하다고 인식되지만 사실은 두렵고 익숙하지 않은, 마치 외국어를 대하는 것 같은 감정을 조금이나마 해소하고 가자. 1147개의 단어만 읽으면 데이터와 조금은, 아주 조금은 친해질 수 있을 것이다.

데이터 읽는 법

　데이터는 한마디로 양(量)이다. 데이터를 읽는다는 것은 그 양의

〈'해동' 언급 추이〉

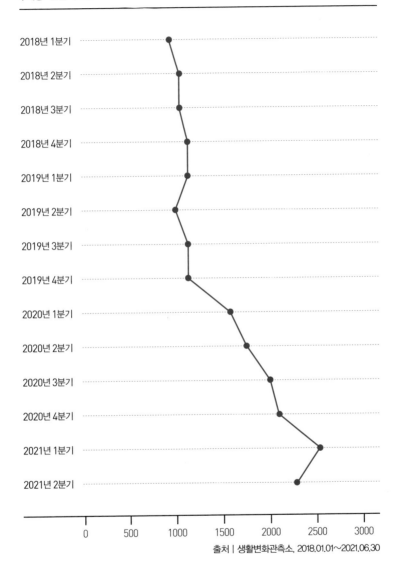

출처 | 생활변화관측소, 2018.01.01~2021.06.30

'변화'와 '다름'을 보는 것이다. 변화도 어떤 면에서는 다름이다. 다시 말해 변화는 시간에 따른 다름이다. 그리고 시간이 지남에 따라 그 양이 어떻게 달라지는지 보는 것이 변화의 관찰이다. 다음 예시를 보자.

책을 살짝 멀리 해서 왼쪽 그래프를 보자. 무엇이 보이는가? 2020년 1분기에 그래프가 큰 폭으로 상승하는 것이 보인다. 해동은 코로나 이후 급상승했다. 조금 더 보면, 그 이후에도 줄어들거나 유지되지 않고 지속적으로 상승했음이 보인다. 조금 더 자세히 보면, 2018~19년의 추세선도 상승세를 보이고 있다. 2020년 이후 상승폭이 워낙 커서 돋보이지는 않지만 2018년 1분기 대비 2019년 1분기에 13% 상승했다. 그 이후 상승폭이 커져서 2019년 대비 2020년에는 46%, 2020년 대비 2021년에는 57% 상승했다.

해동은 반짝 유행이 아니라 지속되는 트렌드이고 앞으로도 그럴 것으로 유추된다. 해동에 대한 니즈는 코로나19 이전부터 있었는데, 코로나 이후 가속화되었다. 원래 있던 니즈가 특정 트리거로 폭발하고 계속 확산되고 있다. 무엇을 해동하나? 해동한 뒤 어떻게 먹나? 해동의 어려움이 있다면? 해동하기 좋은 식재료는? 해동을 많이 한다면 냉동은? 냉동고가 필요할까? 추가적인 분석과 유추는 얼마든지 가능하다.

데이터를 분석한다는 것은 R이나 파이썬 같은 프로그램을 활용하거나 데이터 코딩만을 의미하는 것이 아니다. 그런 분석은 일반 사람에게는 너무 멀다. 데이터를 읽는다는 것은 방금 간단한 예시에서 본 것처럼 데이터를 관찰하는 것이다. 무엇이 증가하는지, 줄어드는지, 시간이 지남에 따라 어떻게 달라지는지, 다른 것과 비교하면 무엇이 다른지, 혹시 다른 것을 추월하거나 역전되지는 않는지, 언제 변곡점이 생기는지, 그 추세는 계속되는지, 바뀌는지.

이것은 프로그래밍 능력의 문제가 아니라 데이터를 읽고자 하는 의지의 문제다. 데이터를 읽고자 한다면 우선은 선을 쳐다보아야 한다.

데이터 활용법

'데이터를 통해 무엇을 할 것인가?'가 새삼스러운 질문은 아니다. 오래전부터 데이터를 통해 우리 제품과 브랜드에 대한 시장 반응을 점검하고, 트렌드를 파악하고, 광고효과를 측정해왔다. 필자도 데이터 회사에서 많은 클라이언트와 그러한 프로젝트를 진행해왔다.

2019년 말부터 새로 추가되었고 가장 많이 증가하고 있는 데이터 활용 분야는 크리에이티브 영역이다. 과거에는 감(感)의 영역으로 여겨졌던 광고 크리에이티브, 컬러, 소재 디자인, 아트디렉터가 몸담고 있는 디자인센터와 일할 기회가 늘었다. 왜 이 분야에서 데이터에 대한 니즈가 커졌을까? 의사결정자가 크리에이터를 신뢰하지 않아서? 크리에이터의 경험에 한계가 있어서? 우리 사회의 변화 폭이 커서?

어떤 면에서는 다 맞는 말이다. 정확히는 우리 사회가 단일한 경험을 하지 않기 때문이다. 감각이 뛰어난 사람이 남들보다 앞서기만 한다고 크리에이티브가 되는 것이 아니다. 너무나 다양한 면이 있기 때문에 한 개인이 다양한 면을 동시에 볼 수 없고, 의사결정자 역시 그 모든 면을 볼 수 없다.

이해를 위해 광고계에서 모델 선정하는 예를 들어보자. 이 책을 읽고 계신 당신은 이 세 분을 아시는지? 고민시, 송강, 이도현. 이들은 1994~95년에 출생해 2016~17년에 데뷔했으며, 2020년 12월 넷플릭스 오리지널 드라마 〈스위트홈〉으로 유명해졌다. 이후 이들은 화장품, 아웃도어, 음료, 공익 등 다양한 분야의 광고를 찍었고, 바로 이어 새 드라마에 출연했으며 이 글을 쓰는 지금도 활발히 활동 중이다. 하지만 이 세 분의 이름을 모르는 사람이 많다. 중고등학생 중에는 이들의 이름을 모르는 사람이 거의 없을 것이다. 반면 중고등학생들의 어머니 아버지 중에는 모르는 사람이 많을 것이다.

예전에는 광고에 나오는 유명 연예인의 이름은 어린아이부터 나이 든 사람까지 모두가 알았다. 하지만 지금은 너무 많은 결의 프로그램과 콘텐츠가 만들어진다. 덜 유명한 사람이 점차 유명해지는 것이 아니라 아예 리그가 다른 곳에서 각각 매우 유명하다. 다른 리그에서 유명한 연예인이 떴다가 지더라도 그 리그를 모르는 사람은 그런 연예인이 있었는지도 모른 채 지나갈 것이다.

하지만 이런 상무님도 자사 브랜드 광고 모델로 고민시, 송강, 이도현을 선택해야 할 수 있다. 광고회사 크리에이터는 알 수 있지만 광고 모델을 선택하는 마케팅 상무님은 모를 수 있다. 마케팅 상무님은 알 수 있지만 사장님이나 영업본부장님은 모를 수 있다. 모르는 것은 어쩌면 당연하다. 넷플릭스에만 약 5000개의 콘텐츠가 있다. 은둔형 외톨이 고등학생이 주인공인 판타지 드라마 〈스위트홈〉은 활동형 회사생활 베테랑인 50대 상무님이 감정이입하면서 보기는 어려운 드라마다. 애초에 추천목록에도 뜨지 않을 것이고, 그런 드라마가 대한민국을 휩쓸고 지나간 줄도 모를 수 있다. 우리는 같은 사회에서 같은 시간대를 살고 있지만 같은 것을 바라보고 있지 않다. 다른 방향이 너무나 많다. 그리고 더 많아지고 있다. 각자의 경험치와 지식의 방향성이 흩어진다.

서로 다른 방향성의 간극을 메우는 것이 데이터다. 앞의 세 분 중 한 분의 광고 모델 적합성을 분석한 적이 있다. 앞서 살펴본 '해동'처럼 2020년 전부터 상승하고 있었는데, 2020년을 기점으로 급상승하고 그 후로도 상승세를 유지하고 있었다. 1980년대에 태어나서 2000년대에 데뷔했고 이제는 이름만 대면 누구나 다 아는 어떤 연예인보다 상승폭이 컸고, 시대감성(인물과 연관하여 점점 더 상승하는 감성어) 연관 비중이 높았다. 이 데이터를 본다면 누구를 선택하겠는가?

내가 아는 것, 다른 사람이 아는 것의 한계가 분명해진다. 더 많이 알자는 것이 아니다. 모든 것을 다 알 수는 없음을 인정하자는 것이다. 그래서 포기하자는 것이 아니라 그 부족함을 데이터로 채우자는 것이다. 회사생활 베테랑 상무님이 해주셔야 할 일은 의사결정 테이블에 데이터를 들고 오게 하는 것, 데이터를 함께 읽는 것, 읽은 데이터에 따라 의사결정하는 모습을 보여주는 것이다.

데이터의 함의

데이터는 합이다. 어떤 한두 사람이 만들어낼 수 있는 게 아니다. 한두 사람이 3개월 안에 '해동하다'라는 단어가 포함된 문서 2500 건을 만들 수는 없다. 이것은 많은 사람이 남긴 해동 관련 담론의 합이다. 데이터를 본다는 것은 많은 사람의 행동과 인식의 축적을 보는 것이다. 그런 면에서 데이터는 사람을 제쳐놓는 것이 아니라 더 적극적으로 사람을 보는 것이다.

다른 의미에서도 데이터는 사람을 믿는 것이다. 데이터를 놓고 함께 논의한다는 것은 의사결정자 한 사람의 의견만 바라보는 것이 아니라 회의에 참석한 여러 사람의 의견을 수평적으로 교환하겠다는 의미다. 데이터가 있을 때, 우리는 수평적이 된다. 데이터 없이 앉아 있을 때는 상급자의 의견이 결정적이지만, 데이터가 있을 때 우리는 모두 데이터를 바라보는 평등한 눈이다. 따라서 얼핏 생각하면 데이터 드리븐(data-driven)은 사람의 직관을 무시하는 것 같지만 데이터 드리븐은 오히려 사람을 믿는 것이다. 크리에이티브의 감각은 데이터의 지향점과 어긋나기가 쉽지 않다. 데이터를 알기에 일부러 다른 방향을 선택할 수는 있지만, 데이터에서 말하는 것을 모르기는 어렵다. 광고계에서 핫한 모델을 발굴하는 사람이 고민시, 송강, 이도현을 모른다면 문제가 있는 것이다. 오히려 데이터는 크리에이터의 선택을 지지할 것이다.

데이터는 과거다. '우리는 미래를 지향하는데 과거의 데이터로 미래를 예측할 수 있나요?'라는 질문이 트렌드 강의에서 심심치 않게 나오곤 한다. 데이터는 언제나 과거의 흔적이다. 빅데이터가 아니라 울트라캡숑짱 데이터가 있더라도 데이터는 과거다. 호랑이를 잡는데 발자국을 따라가야지, 호랑이가 걷지도 않은 걸음을 따라갈 수는 없다. 호랑이가 갑자기 헬기로 들어올려질 수도 있지만, 우리가 할 수 있는 최선은 발자국과 냄새를 따라가는 것이다. 헬기를 볼 수는 없다. 헬기 소리를 들을 수는 있을 것이다.

데이터는 지금 여기에 찍힌 호랑이 발자국과 멀리서 들리는 헬기 소리를 알려준다. 호랑이를 피해 발길을 돌릴지, 호랑이 발자국을 따라갈지, 헬기 소리를 따라갈지는 우리의 선택이다. 호랑이 발자국을 보는 것이 우리만 할 수 있는 일은 아니다. 하지만 같은 테이블에 앉아서 함께 보고 그에 따라 의사결정하는 것은 누구나 할 수 있는 일이 아니다.

데이터는 거짓말을 하지 않는다. 하지만 데이터의 성격을 이해하는 것은 중요하다. 검색창에 '해동하는 법'이라고 치는 사람은 해동을 해보지 않은 사람이다. 커뮤니티에 '이렇게 저렇게 해동했다'고 올리는 사람은 노하우를 공유하거나 연대감을 느끼고 싶은 사람이다. 뉴스 기사에서 '해동하다'를 언급하는 것은 또 다른 맥락이다.

인스타그램에서 '일상'의 감성은 언제나 긍정적이지만, 블로그의 '일상'에는 상처, 눈물이 긍정 감성과 함께 나온다. 매체의 특성을 이해하고, 전통적인 미디어와 소셜미디어를 비교하고, 검색 데이터와 작성 데이터를 구분해야 한다. 사람은 새로운 것, 부정적인 것에 편향된다. 같은 문서 10개를 보더라도 몰랐던 신조어나 부정적인 이야기는 더 강력히 각인된다. 우리 브랜드에 대한 반응을 미디어에서만 보거나, 홈페이지에 올라온 컴플레인 문서만 보고 있으면 편향된 인식을 가질 수 있다. 편견 없이 축적된 데이터를 보는 훈련이 필요하다.

용기도 필요하다. 어떤 이야기가 나올지 모르지만 맨 눈으로 날것을 보겠다는 용기, 지금까지의 경험과 다르지만 그 결과를 받아들여 적용할 수 있는 용기.

데이터를 믿는가? 필자는 믿는다. 많은 이들이 축적한 덩어리로서의 데이터를 믿고, 데이터가 없는 의사결정보다 데이터가 있는 의사결정이 더 나은 방향으로 갈 수 있다고 믿는다.

자, 이제 데이터로 추출한 생활의 변화 내용을 읽을 시간이다. 글자로 이루어진 내용뿐 아니라 숫자로 이루어진 데이터도 한번은 읽어보길 권한다.

Contents

총론·생활변화의 중심축

Chapter 1. 1000개의 질문에서 도출한 7개의 키워드

Part 1 · 세계관의 변화

Chapter 2. 돈을 모으고 쓰는 새로운 기준

Part 3 · 소통방식의 변화

Chapter 6. **디지털 플랫폼의 아날로그 소통법**

Chapter 7. **문화의 세대, 문화의 단위로 소통하라**

Chapter 8. **미학의 시대, 감수성 전쟁**

와인으로 대표되는
우리 사회의 변화

식(食)은 생활의 대변자다. 사람들이 어디서, 무엇을, 어떻게 먹고 있는지 관측하는 것은 우리 생활의 변화를 이해하기 가장 좋은 출발점이다. 사람들이 카페에서 3000~4000원 하는 아메리카노를 테이크아웃해서 먹은 것은 우리 사회가 일상의 여유를 중시하기 시작했다는 신호탄이었다. 퇴근 후, 자신이 좋아하는 콘텐츠를 즐기며 맥주 한 캔을 마시는 혼술의 장면은 모든 세대의 로망이 된 '자기만의 시간'의 증거다.

2010년부터 소셜 빅데이터를 분석한 이래 한국의 주종은 맥주, 소주, 와인, 막걸리 순이었다. 한 번도 그 순서가 역전된 적이 없다. 하지만 2020년, 우리 모두 잊지 못할 이 해부터 와인이 급상승했고 몇몇 장면에서는 맥주, 소주를 역전했다. 맥주, 소주보다 와인이 높게 나타나는 장면은 다음과 같다.

첫째, 재난지원금 소비처로서. 재난지원금 사용처는 약간의 여윳돈이 생겼을 때 사람들이 어떤 소비를 하는지 보여주었다. 소고기, 이국적 과일과 디저트, 와인 등 약간만 무리하면 언제든 구매할 수 있지만 우선순위에서 밀렸던 항목들이 공돈이 생기자 기분 좋게 지르는 소비 품목으로 등장했다. 이렇듯 와인은 알고 있으나 선뜻 손이 가지 않던 주종으로, 고기로 치자면 소고기, 과일로 치자면 애플망고 같은 존재다.[1]

둘째, 파인다이닝 짝꿍으로. 어렵게만 느껴졌던 파인다이닝에 입문하는 사람들이 늘고 있다. 익숙한 한식을 와인과 페어링해서 코스 요리 형태로 즐기고, 셰프의 이름을 찾아 레스토랑에 방문한다. 호캉스에 이어 '누림의 대중화' 흐름을 보여주는 파인다이닝, 이때 등장하는 술 역시 소주, 맥주가 아닌 단연 와인이다.[2]

셋째, 연말 파티에서. 한 해를 마무리하며 회사 동료들과 회식을 하고, 오랜만에 친구들과 만나 송년회를 하던 연말의 모습이 2020년 코로나를 기점으로 확연하게 바뀌었다. 핫플 맛집이나 근사한 레스토랑을 예약해 모이던 모습은 배달음식 및 직접 만든 요리를 올린 홈파티로 대체되었다. 삼겹살에 소맥을 말아먹던 모습은 각자 집에서 제철음식(방어, 딸기 등)과 와인을 곁들이는 것으로 변화했다. 예전에도 와인은 연말에 상승하는 술이었지만, 집에서 제철음식과 함께 소비되는 와인은 2020년에 새롭게 등장한 이래 꾸준히 지속되고 있는 새로운 장면이다.[3]

넷째, 술상스타그램에서. 코로나로 단절된 만남, 줄어든 술자리

1) 생활변화관측지 Vol.17, "재난지원금, 어디에 썼나요?"
2) 생활변화관측지 Vol.23, "누림의 대중화, 파인다이닝"
3) 생활변화관측지 Vol.24, "코로나와 함께한 연말"

는 어떤 방법으로 해소되고 있을까? 최근 4년간 우위를 차지하던 '술자리'가 2020년 코로나 이후 '술상'에 역전되었다. '술상' 언급량은 전년도의 2.1배가 되었다. '술상'의 연관어로 소주, 맥주는 감소하고 막걸리, 와인은 증가한다. 많은 사람이 같은 안주와 같은 술을 먹는 상황이 아니라, 소수가 매일 다른 음식으로 플레이팅할 때는 다양한 색과 다양한 맛을 지닌 와인이 유리하다.[4]

와인이 소주, 맥주를 역전한 장면은 우리 사회의 변화를 담고 있다. 크게 두 가지다.

줄어드는 무리의 숫자

다수가 취하기 위해 모일 때는 방바닥, 자기 스스로 굽는, 몇 번이고 추가 주문하는 '고깃집'이라는 플랫폼이 최적이다. 하지만 모이는 사람이 줄고 취하는 게 목적이 아닐 때는 만남의 시간도 짧아지고, 음식도 고급화되어 각자의 취향을 세심하게 배려할 수 있다. 설령 회식이라 해도 참여 인원이 4인 이하라면 채식을 시작한 사원을 배려하여 회식 장소로 한남동 시금치 피자 맛집을 선택하고, 바로 앞 와인숍에서 시금치 피자에 어울리는 스파클링 와인을 구매해 콜키지 서비스를 받을 수 있다. 인원이 10명만 넘어가도 이런 선택은 불가능하다.

---

4) 생활변화관측지 Vol.26, "'술자리'를 역전한 '술상'"

와인은 어떤 음식과 함께하는지의 조합이 가장 중요하다. 모이는 무리의 숫자가 줄어들 때 구성원 각자의 취향을 물을 수 있고, 그 취향에 맞게 술을 고를 수 있다. 와인은 개개인의 취향과 상황에 맞출 수 있는 술이자, 개개인의 취향을 주장하는 우리 사회 분위기를 반영한 술이다.

쉽고 거대한 정보 공동체

와인은 전형적으로 공부하는 술이다. 와인은 입문하는 술이고, 계속 알아가는 술이고, 알아도 알아도 끝이 없는 술이다. 와인에 관해서는 품종, 색깔, 산미, 원산지를 따진다. 그에 따라 가격대가 천차만별이고, 어울리는 음식 및 선물 가능 여부가 결정된다. 한마디로 알아야 할 것이 많은 술이다. 그렇다고 해서 접근성이 낮은 술은 아니다. 개개인의 지식은 부족할지라도 간단한 검색만으로 오늘 식사 자리에 적합한 와인을 쉽게 찾을 수 있다. 와인은 활발하게 추천하고 추천받는 술이다.

개인이 물리적으로 만나는 사람의 숫자는 줄었지만 정보를 주고받는 사람의 숫자는 훨씬 더 크다. 개개인이 100명의 공동체 속에 묻히는 것이 아니라, 100만 명이 모인 플랫폼에서 개개인이 살아 있는 형태로 움직인다. 무엇이 뜨겠는가? 와인처럼 파도 파도 끝이 없는 영역, '뉴비'와 고수가 함께 정보를 주고받을 수 있는 거대 플랫폼이 뜬다. 그 대표주자가 와인이다.

코로나가 끝나면 달라질까? 다시 많은 인원이 모이고, 지속적으로 공부하기보다 짧게 체험하는 영역이 뜰까? 뉴비와 고수가 함께 정보를 공유하기보다 폐쇄적인 그들만의 리그를 만들까?

코로나가 쉽게 끝날 것 같지도 않지만 섬세함은 뭉툭함으로 돌아갈 수 없다. 무리의 숫자는 계속 줄어들고, 정보 공동체는 더 쉽고 더 거대해질 것이다. 타깃은 좁게, 호흡은 길게, 방법은 개방적으로 접근해야 한다.

《2022 트렌드 노트》는 다음과 같은 내용을 담고 있다.

긴 머리말이자 이 책의 요약과도 같은 1장은 우리 생활변화의 축을 제시한다. 생활변화를 관통하는 7개의 키워드를 통해 한 주에도 몇 개씩 쏟아져 나오는 신조어, 새로운 상품, 새로운 콜라보, 새로운 매체, 새로운 콘텐츠 속에서 생활변화를 포기하지 않고 관측할 수 있는 구심점을 주고자 했다.

1부에서는 모순을 다룬다.

6만 원짜리 무제한 요금제가 아까워서 알뜰요금제로 갈아타지만 6만 4000원짜리 신라호텔 망고빙수는 웨이팅을 해서라도 먹는 사람들, 내가 살 집은 없다고 자조적으로 말하지만 누구보다 열심히 1억을 모으는 사람들, 누구보다 돈과 재테크에 진심인 20대의 모습을 확인할 수 있다. 같은 맥락에서 하이퍼리얼리즘과 판타지적 가상월드가 어떻게 공존할 수 있는지도 이해해보자.

2부에서는 자아를 말한다.

점점 자아에 대한 생각이 많아진다. 불안하기 때문이다. 그래서 코로나 시대에는 몸뿐 아니라 마음도 자가격리가 필요하다. 나에게 집중된 생각으로 모인 마음들은 하나의 흐름을 만드는데, 이를 '시대감성'이라 부른다. 완벽함보다는 노력형, 여성스러움보다는 건강함, 예쁨보다는 멋짐으로 대변되는 시대감성과 특별할 것 없는 일상을 콘텐츠로 승화하는 많은 자아들의 이야기를 들을 수 있다.

3부는 소통방식의 변화에 대해 살펴본다.

요즘 사람들의 디지털 라이프에 대해 다룬다. '멤버십', '뉴스레터', '라이브 방송'이 담고 있는 소통방식의 함의를 이야기한다. 주가가 오르고 내리듯 시세와 차트를 만드는 디지털 유전자, 밈에 대해서도 정의부터 예시, 성공과 실패 사례까지 두루 살펴본다. 또한 무엇이든 잊히기 쉬운 시대에 브랜드가 기억되는 방법을 직접적으로 다루고 있다. 선택보다 포기가 중요한 '시그니처' 플레이, 공감을 불러일으키는 플레이리스트의 '화법', 콘텐츠가 되는 브랜드의 '과거'를 사례와 함께 이야기한다.

총론

생활변화의 중심축

Chapter 1.

1000개의 질문에서
도출한 7개의 키워드

박현영

'1000개의 질문에서 도출되는 7개의 인사이트'는
생활변화관측소의 캐치프레이즈다. 1000개는 많은 수를 나타내는 상징이다.
실제로는 1억 2000만 건 이상의 소셜미디어 문서에서
1만 9000개 이상의 키워드 등락을 관측하고 있다.
생활변화관측소에서는 2019년 1월부터 2021년 10월까지 33호의 잡지를 발간했다.
매호 7개의 관측내용으로 구성된다.
여기서는 생활변화관측소에서 그동안 관측한 많은 내용을
7개 키워드로 정리했다는 의미로 쓰였다.

뜨는 키워드의 결을 읽는 법

하나하나의 현상을 보면 끝이 없다. 인스타그램을 하고 나니 Z세대는 인스타그램 스토리를 한다고 하고, 팟캐스트에 이어 클럽하우스, 제페토를 한다. 그마저 한 달 뒤에는 졌다고 한다. MZ 트렌드를 알려준다는 뉴스레터는 매주 9~10개의 신조어를 배달한다. 이런 것을 일일이 다 알아야 하는 건지, 모르고 넘어가도 되는지, 맘 잡고 공부해야 하는 건지. 애써 공부하면 언제 그랬냐는 듯 사라지고 팀원들은 '팀장님 너무 애쓰지 말라'고 한다.

생활변화관측소도 마찬가지다. 뜨는 키워드의 기준을 보수적으로 잡더라도 매달 전달되는 키워드가 너무 많다. 매주 뜨는 브랜드를 10개만 제시한 오른쪽 도표를 보자. 바이브컴퍼니에서 제공하는 브랜드 시청률 2021년 1월 데이터다. 매주 뜨는 정도가 가장 높은 브랜드를 1~10위까지 산출한다.

매주 1등 브랜드가 달라지고, 한 달 동안 10위권 안에 든 브랜드

〈바이브컴퍼니 브랜드 시청률 순위(2021년 1월)〉

	1월 1주					**1월 2주**			
No.	브랜드	증감률	키워드	채널	No.	브랜드	증감률	키워드	채널
1	프릳츠	111.03%	#집콕커피챌린지	인스타그램	1	매일유업	205.69%	빨대없는패키지	트위터
2	아시아나	103.55%	대한항공	커뮤니티	2	유세린	78.62%	올리브영	유튜브
3	디앤디파트먼트	86.72%	제주	인스타그램	3	톰브라운	76.62%	방탄소년단	커뮤니티
4	일리윤	69.34%	로션	커뮤니티	4	오쿠	59.50%	요거트	커뮤니티
5	트롬	54.90%	건조기	커뮤니티	5	농심	51.92%	레드포스	유튜브
6	샘표	44.00%	샘표 조림볶음용 맛간장	인스타그램	6	언더아머	44.99%	#운동하는남자	인스타그램
7	덴비	42.92%	시우민템	커뮤니티	7	바세린	41.66%	건조	커뮤니티
8	켈로그	42.38%	프로틴 그래놀라	인스타그램	8	위닉스	41.64%	올바른가습기	커뮤니티
9	린나이	39.27%	보일러동파	커뮤니티	9	프릳츠	41.40%	#집콕커피챌린지	인스타그램
10	바이오더마	39.06%	올리브영	커뮤니티	10	브레빌	40.46%	반자동커피머신	유튜브

	1월 3주					**1월 4주**			
No.	브랜드	증감률	키워드	채널	No.	브랜드	증감률	키워드	채널
1	스쿨푸드	221.95%	스팸장아찌라면	유튜브	1	유리아쥬	172.56%	패밀리세일	커뮤니티
2	시세이도	209.88%	패밀리세일	커뮤니티	2	시세이도	167.18%	패밀리세일	커뮤니티
3	조르지오아르마니	111.17%	인생조합	유튜브	3	레쓰비	110.68%	GS25	커뮤니티
4	알볼로	75.74%	단호박부분	인스타그램	4	코렐	67.27%	스누피	커뮤니티
5	테라로사	75.31%	길동채움공간	인스타그램	5	네네치킨	61.50%	요기요	커뮤니티
6	네스카페	74.44%	홈카페	인스타그램	6	씰리	57.68%	인생침대	커뮤니티
7	브리츠	65.79%	국내중소기업	유튜브	7	양키캔들	53.66%	인테리어	커뮤니티
8	설빙	61.91%	중국	트위터	8	위니아	42.20%	백신	트위터
9	H&M	57.87%	시몬로샤	인스타그램	9	덴비	39.46%	밥공기	커뮤니티
10	마이크로소프트	51.81%	테슬라	커뮤니티	10	테라로사	37.98%	길동채움공간	인스타그램

출처 | 생활변화관측소, 2020.12.26~2021.01.28

중 겹치는 브랜드는 단 4개다. 브랜드 이름을 아는 것만도 버겁다. 빨대 없는 패키지를 낸 것은 매일유업만이 아닌데 1월 2주에 왜 매일유업이 205%나 증가했을까? 1월 1주의 '시우민템'으로 뜬 덴비는 1월 4주에 밥공기로 왜 다시 화제가 됐을까? 프릳츠커피의 '#집콕커피챌린지'는 2주 연속 10위권 안에 있는데 어떤 기획이었을까? 이 시점에 왜 이 브랜드가? 이걸 매주 본다면 뜨는 브랜드의 원리를 알게 되어 유레카를 외칠 수 있을까?

보지 않는 것보다는 낫겠지만 조각난 브랜드 키워드를 어떤 계열화도 하지 않은 채 보고 있으면 피로만 쌓일 뿐이다. 뜨는 브랜드를 이해하기 위한 몇 가지 결을 파악한다면 흐름을 볼 수 있다. 일부러 틀거리라는 말을 쓰지 않았다. 틀거리는 거기에 자꾸 끼워 맞추게 된다. 틀거리를 만들지 말고 몇 가지 결로 계열화를 해보자.

뜨는 브랜드의 결에는 크게 의도와 비의도가 있다. 의도가 작동한 경우는 시대 흐름을 탔거나 서포터의 도움을 받은 경우로 나뉜다. 프릳츠커피의 집콕챌린지는 의도했고, 시대 흐름을 잘 탄 케이스다. 바이오더마와 유세린은 올리브영이라는 유통 채널의 서포트를 잘 활용했다.

의도하지 않았지만 205% 증가한 운 좋은 브랜드는 매일유업이다. 2021년 1월 초 상하목장의 새로운 시리즈가 빨대 없는 패키지로 출시되었을 때, 과거 매일유업의 행보(한 소비자가 우유팩에 붙어 있는 일회용 빨대를 모아 기업에 보냈을 때 매일유업의 최고고객책임자가 손편지로 응답한 일화)가 재조명된 것이다.

비의도의 대표적인 예는 계절이다. 특히 온도다. 2021년 1월 둘째 주는 특히 추웠다. 추워지자 사람들은 건조함을 느꼈고, 자연스레 바세린을 떠올렸다. 추위와 건조의 대명사, 바세린은 의도하지 않았지만 자연의 섭리 덕을 보았다.

많은 브랜드가 신제품을 내고, 콜라보를 하고, 캠페인을 하고, 프로모션을 한다. 이때 사람들 사이에 회자되고 싶다면 3가지를 염두에 두어야 한다.

첫째, 나의 의도는 트렌드에 부합하는가?

둘째, 내가 의도하지 않은(부정적이라는 뜻은 아니다) 어떤 반응이 소비자들 사이에서 일어나고 있지 않은가? 내가 이 활동을 하는 시기의 온도와 습도는 어떨까? 계절의 변화가 큰 시점은 아닌지?

셋째, 오늘의 내 행동이 추후에 남을 수 있다는 연속성을 염두에 두어야 한다. 사람들은 기억한다. 디지털은 사람들의 기억을 기록하고 저장한다. 사람들은 검색한다. 검색을 통해 과거의 기록을 끄집어낼 수 있다. 오늘 우리의 행보를 남기기 위해 노력하고, 우리의 행보가 남을 수 있음을 감안해야 한다. 2021년 하반기 초록창에 '빨대 없는 패키지'를 검색하면 여전히 상위권에 '매일유업 손편지'가 나온다.

1장에서 말하고자 하는 7개의 키워드는 우리의 생활변화 방향을 이해하는 '축'이다. 지난 3년간 매월 7장씩 〈생활변화관측지〉를 만들었다. 그 7장을 선별하기 위해 매월 1만 9000개 이상의 키워드가

〈생활변화를 관통하는 7개의 키워드〉

키워드	현상	함의
시간	#꾸미기 #와인 #향수 #주식	• 개인의 시간이 증가했다는 것이 핵심이다. • 시간을 들여 꾸준히 함으로써 레벨을 높일 수 있는 것들이 뜬다. • 의무가 아닌 자발성에 기반한 취미적 공부가 뜬다.
기록	#블로그의 부활 #인스타그램 스토리 #기록성 챌린지	• 정보 전달이 아니라 일상 기록매체로서 '블로그'가 뜬다. • '기록'으로 남은 나의 '일상'이 콘텐츠가 된다. • 연출된 미장센이 아니라 날것 그대로가 주목받는다.
남자	#무시무시 무신사 #래플과 드로우	• 남자들에게 새로운 롤모델이 필요하다. • 새로운 롤모델의 핵심가치는 '공평함'과 '경쟁'이다. • 권위를 가진 자가 다 가지는 것이 아니라, 규칙에 맞게 경쟁하고 정당하게 얻어가야 한다.
현실	#하이퍼리얼리즘 #가상현실, 가상모델 #이 둘의 공존	• 하이퍼리얼리즘과 판타지적 가상을 동시에 수용한다. • 가상현실의 핵심은 참여자가 들러리가 되지 않는 것, 참여하여 커뮤니티성을 획득하는 것이다. • 현실과 가상의 구분이 아니라, 공감할 수 있는 세계관으로 완결되느냐가 중요하다.
연대	#잘 가꾸어진 정원 vs. 자연발생적 이끼군락 #팬덤의 트위터 #Challenge accepted	• 동질감을 느끼는 방식이 소속감에서 연대감으로 변한다. • 테두리와 위계질서가 있는 조직성이 아니라 개인이 서로 팔을 거는 이합집산을 추구한다. • 나의 메시지를 전달하기 위해, 내 메시지를 받아들일 수 있는 사람들과 팔을 걸고 있어야 한다, 이것이 팬덤이다.
열정	#respect #생리얼 #갓생	• Z세대를 보는 이유는 그들의 성향이 우리 사회가 가고 있는 방향이기 때문이다. • 이것만 기억하자. 개성, 생리얼, 열심히 • 반대말은 이러하다. 조직, 미장센, 여유
과금	#웹소설 #편당 100원 #플랫폼에서 돈을 받아가는 소비자	• 웹소설 플랫폼의 거래방식을 배우자. #기다무 : 기다리면 다음화 무료. 돈을 내지 않아도 얻을 것이 있다. #편당 100원 : 돈을 내는 최소 단위가 매우 작다. 가랑비에 옷 젖는다. #독자=작가 : 플랫폼을 통해 소비자가 돈을 벌 수 있다.

돌고 있었다. '이게 떴어요', '그건 또 뭐야?'라고 묻고 답하기 시작하면 생활변화관측소 연구원도 피곤해진다. 우리는 몇몇 관통하는 기저 안에서 이 키워드들을 보고 있다. 혹은 반대로, 뜨는 키워드들을 보고 있으면 기저가 보인다.

많은 데이터를 보는 데 피로를 없애고 안정감을 주는 생활변화의 중심축은 이러하다.

1. 시간 : 시간의 주인이 된 사람들, 의무 사회에서 선택 사회로

주52시간 근무제부터 코로나까지 우리 생활변화의 중심축에는 '시간'이 있다. 핵심은 개인이 자율적으로 운용할 수 있는 시간이 늘어났다는 것이다. 스스로 긴 시간을 자율적으로 활용하는 것이 쉬운 일은 아니지만 시간의 주인이 된 개인은 스스로, 꾸준히, 기록함으로써 시간을 의미로 채워간다. 시간 약자가 시간 부자가 되었고, 시간의 주인으로서 온전한 나만의 시간을 확보하고 그 시간을 의미로 채워간다는 것은 《2021 트렌드 노트》에서 이미 강조한 바다. 이러한 흐름은 더욱 강화되었다. 앞으로도 더욱더 강화될 것이다. 비즈니스의 목표는 시간을 차지하는 것이다. 일상의 루틴 속에서 어떤 시간을 차지할 것인가? 시간의 주인들에게 어떻게 리추얼의 도구가 될 것인가?

루틴이 특정 목표를 달성하기 위한 생활습관이라면, 리추얼은 좀 더 긴 호흡으로 자기만의 의식을 만들어내는 것이다. 자연스럽게 계절감과 연결되며 스스로 나의 삶을 정성스럽게 대하는 태도로 이어진다. 루틴에서 리추얼, 계절 감각으로 이어지는 시간성, 그리고 삶을 정성스럽게 대하는 태도에 주목하자. 제철음식, 계절감, 로컬리티, 일견 촌스럽고 토속적인 장면이 떠오를지 모르지만 섬세하고 세련되게 풀어낸다면 이 시대 가장 주목받을 수 있는 가치다.

의무의 시간이 아닌 자율의 시간은 '취미'로 채워진다. 취미는 매우 오래된 식상한 주제 같지만, 코로나 이후 급부상한 주제이기도 하다. 이때 취미는 영어 교과서에 나오는 '당신의 취미는 무엇입니까?', 재미없는 소개팅 대화 주제인 '취미가 뭐예요?' 같은 취미가 아니다. 다른 사람의 질문에 답하기 위한 취미가 아니라 '나는 무엇을 좋아하는 사람이지?', '내 관심사는 무엇일까?'라고 스스로 묻는 질문에 가깝다.

'취미'의 언급량은 2018년 1분기 6526건이었는데, 2020년 1월 코로나를 기점으로 서서히 상승해 2021년 1분기 9418건을 찍었다. 생활변화관측소에서 매달 발간하는 관측지에서도 2020년 이후 6회에 걸쳐 '취미'에 대해 언급했다. 다꾸(다이어리 꾸미기)라는 취미, 클래스101의 취미, 코로나 시대 입문하는 취미, 취미로 자신의 정체성을 드러내는 '○○하는 사람', 여행 대신 취미에 투자한다, 핀터레스트라는 취미 등 다양한 분야에서 취미를 언급했다. 해외에서도 마찬가지다. 영어권 데이터에서도 코로나 이후 'hobby'라는 단어가 상승했고, 코로나 시대의 취미로서 '#quarantine hobby'(격리

비즈니스의 목표는
개인의 시간을 차지하는 것이다.

시대의 취미)라는 신조어도 생겨났다.

코로나 시국에 사람들은 왜 취미를 찾았을까?

첫째, 개인이 사용할 수 있는 시간이 증가했다. 의무의 시간이 아니라 여가시간(=남는 시간)은 자연스럽게 사람들을 취미로 불러모았다.

둘째, 코로나는 시간은 주되 장소는 제약했다. 고립된 개인은 자신의 정체성을 증명할 필요를 느꼈다. 스스로에게도 묻고 싶었고, 타인에게도 증명하고 싶었다. '나는 누구인가?', '나는 무엇을 좋아하는 사람인가?' 조직 내 관계가 느슨해졌을 때, 개인은 자신의 관심사로 자신의 정체성을 드러낸다. 이때 취미는 한번 하는 체험과 구별된다. 체험은 남들이 하는 것을 나도 한번 해보는 것이다. 취미는 꾸준히 할 무언가를 찾는 것이다. 그때 사람들은 '나 어려서부터 뭐 좋아했지?' '나 뭘 잘했지?'를 묻는다. 그래서 영어권에서는 'quarantine hobby'로 그림이나 악기와 같은 예체능이 나오고 한국에서는 필사, 독서처럼 공부와 연관된 것이 나온다.

셋째, 개인의 취미와 취향을 드러낼 수 있는 플랫폼도 취미 형성에 큰 몫을 했다. 한 장의 연출컷을 올릴 수 있는 인스타그램, 뉴비와 고수가 자연스럽게 만날 수 있는 트위터와 유튜브는 자신의 취미를 자랑할 수 있고, 같은 취미/취향을 가진 사람을 쉽게 만날 수 있도록 도와준다. 특히 한국에서는 코로나 전부터 '취향'의 언급이 증가했다. 취미의 탄생 조건은 개인의 취향이다. 취향은 개인적인 기호로, 옳고 그름의 가치판단이 개입될 수 없다. '취존'(취향존중),

총론

'개취'(개인의 취향)라는 단어가 증가하기 시작한 것은 2010년대 초반의 일이다. 자기만의 취향을 가진 개인의 등장, 개인의 취향이니 판단하지 말아달라고 주장할 수 있는 사회 분위기 형성은 취미 사회로 가는 토대가 되었다.

넷째, 취미가 돈이 될 수도 있다는 기대감은 취미인간, 취미사회로의 이행을 가속화하는 데 빼놓을 수 없는 요인이다. 사람들은 취미로 하던 비즈 공예가 유튜브나 스마트스토어 같은 플랫폼에서 충분히 팔릴 수 있다는 것을 목격했다. 반드시 물건을 만들어 팔지 않아도 된다. 특정 취미/취향이 있음을 증명할 수 있다면 그 취미가 나에게 돈을 가져다줄 수 있다. 실제 가져다주는지 여부보다 중요한 것은 돈을 가져다줄 수도 있다는 기대감이다. 최근 많이 나오는 N잡러와 맞닿아 있는 생각이지만, 취미는 직업과는 구별된다. 취미는 직업과 달리 자발적인 것이다. 거기에 직업과 같은 경제적 가능성이 열려 있기에 지금의 취미는 더 각광받을 수 있다.

취미/취향의 반대말은 뭘까? 취미와 취향의 뉘앙스가 약간 다르긴 하지만 둘의 공통된 반대말은 '그래야만 하는 것'이다. 좀 더 나눠서 말한다면 취향의 반대는 인기, 취미의 반대는 의무라 하겠다. 인기 드라마를 볼 것인가, 취향 드라마를 볼 것인가는 같은 결과를 낳을 수도 있지만 다른 결과일 수도 있다. 인기 드라마는 많은 사람이 본 것이니 재미가 보장되어 볼 수도 있지만 어떤 면에서는 대세에 합류해야 한다는 무언의 압력이기도 하다. 밀레니얼 세대의 특성으로 취향을 꼽기도 했지만, 취향이라 하기에는 너무 같은 취향을 공유하고 있다. 다 같이 북유럽풍 디자인을 하고, 다 같이 펜던트 조명을 좋아하고, 다 같이 하얀 테이블에 민트색 포인트를 주는 것은 취향이라기보다는 인기 있는 트렌드에 합류해야 한다는 강박에 가깝다.

반면 Z세대는 '다름'에 강박이 있다. 본인만의 취향과 개성이 중요하다. 같은 것은 오히려 거부된다. 핑크뮬리가 유행일 때 밀레니얼 세대는 누구보다 빨리 핑크뮬리를 배경으로 잘 짜여진 연출사진을 본인의 SNS에 올리고 싶어 했다. Z세대는 핑크뮬리가 유행인 줄 알기 때문에 그곳에서 사진 찍기를 거부했다. X세대는? 핑크뮬리가 유행인지 모른 채 핑크뮬리의 유행이 지나가버렸다. 밀레니얼 세대는 같은 취향을 보여주긴 했지만 디테일, 퀄리티, 취향의 중요성을 우리 사회에 가져왔다. Z세대는 취향의 깊이가 아니라 취향의 너비, 취향의 다름을 중시하는 세대다. 우리 사회는 이 세대들과 함께 더 강화된 취미사회, 강한 개성의 사회로 나아갈 것이다.

취미의 반대, 의무에 대해서도 살펴보자. 취미의 반대가 의무라고 한 이유는 취미는 의당 그래야만 하는 것이 아니기 때문이다. 우리 사회는 마땅히 그래야만 한다는 강박적인 정체성을 갖고 있다. 임금은 임금다워야 하고, 신하는 신하다워야 하며, 아비는 아비다워야 한다는 유교 가르침도 있다(君君, 臣臣, 父父, 子子). 취미인간은 '어떠해야 한다'는 정체성에서 '이러하고 싶다'는 선택적 정체성으로의 변화를 가리킨다.

무엇이든 취미가 될 수 있지만, 요즘 취미에는 몇 가지 공통점이 있다. 지속성, 성장성, 기록성이다. 취미가 '방 꾸미기'라고 말하는 사람이 늘고 있는데, 방 꾸미기가 일회성 프로젝트가 아니라 취미일 수 있는 이유는 지속성에 있다. 방 꾸미기는 취미일 수 있지만 인테리어는 취미일 수 없다. 인테리어는 계획을 세우고, 남에게 맡겨서(때로는 직접 하기도 하는데 그때는 '셀프 인테리어'라는 특별한 말이 붙는다), 끝을 내는 것이다. 방 꾸미기는 인테리어와 달리 내가 직접, 한 번 하고 마는 것이 아니라 지속적으로 바꾸고 바꾸고 또 바꾸는 것이다. 끝이 중요한 것이 아니라 과정이 중요하다. 그 과정에서 나의 안목은 상승하고, 내 방의 스타일은 변주되고, 변화의 과정이 기록되어 나의 콘텐츠가 된다. 뉴비에서 고수가 된다.

그래서 취미는 종종 '공부한다'고 표현된다. 와인이 뜨고, 향수가 뜨고, 주식이 뜬다. 술과 화장품, 금융, 카테고리도 다르고 타깃도 다른 것 같지만 이 셋은 공통점이 있다. 파도 파도 끝이 없는 주제라는 점, 공부하고, 성장하고, 기록하는 그 무엇이라는 점, 시간의 주인들이 탐닉하는 자발적 취미라는 점이 그것이다.

2. 기록 : 누구나 콘텐츠를 만들 수 있다, '꾸준히' 기록하라

최근 다시 부상하고 있는 기록과 블로그 이야기부터 시작해보자. '기록하다'라는 키워드 언급량은 꾸준히 상승해 2017~19년 3년간

〈'기록하다', '기록하다+블로그' 언급 추이〉

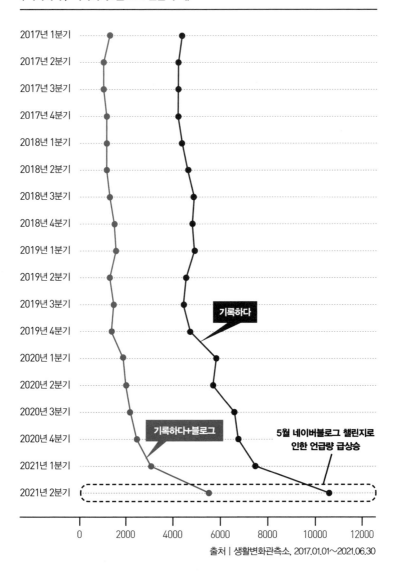

기록하다

기록하다+블로그

5월 네이버블로그 챌린지로
인한 언급량 급상승

2017년 1분기
2017년 2분기
2017년 3분기
2017년 4분기
2018년 1분기
2018년 2분기
2018년 3분기
2018년 4분기
2019년 1분기
2019년 2분기
2019년 3분기
2019년 4분기
2020년 1분기
2020년 2분기
2020년 3분기
2020년 4분기
2021년 1분기
2021년 2분기

0   2000   4000   6000   8000   10000   12000

출처 | 생활변화관측소, 2017.01.01~2021.06.30

매 분기 4000건 대에서 2020년 상반기 5000건 대, 2020년 하반기 6000건 대, 2021년 상반기 7000건 대가 되었다. '기록하다+블로그'도 유사한 패턴으로 상승해 2019년까지 1000건 대에서 2020년 하반기 2000건 대, 2021년 상반기 3000건 대가 되었다. 한때 '블로거지'라는 말까지 생기면서 광고로 도배된 곳, 믿고 거른다는 혹독한 평가를 받았던 블로그가 부활하고 있다. "블로그가 다시 뜨는 거 아세요?"라고 물으면 모르는 분들이 많다. 이 글을 읽고 있는 독자도 "정말?"이라고 의아해할 수 있다.

블로그의 부활을 주도한 이들은 상대적으로 젊은 MZ세대다. 인스타그램처럼 순간을 기록하거나 다른 사람에게 보여지는 용도의 SNS가 아니라 자신의 삶을 기록하고 다시 읽어보는 일기장으로, 일상을 올리는 수단으로 블로그가 르네상스를 맞았다. 후기를 통해 정보를 얻는 효용은 유튜브나 인스타그램으로 넘어가고, 블로그는 로그(일지, 기록) 본연의 의미 그대로 일상을 기록하는 장, 다른 사람의 일상을 관찰하는 곳으로 자리매김했다.

"요즘 블로그가 유행이라 소소하게 많이들 하는데… 나 남이 길게 쓴 뻘소리 읽는 거 좋아해… 블로그만큼 최적화된 플랫폼이 없어"
"오 근데 요새 들어서 내 친구들 다 블로그 시작해서 다시 유행인 줄 알았는데… 나도 그렇고 기록용으로 많이 시작했더라"
"열심히 살아가는 k-고딩 블로그도 하고 인스타도 하고 다 해요! 블로그 서이하실 분! 케이고딩의 삶을 보실 수 있어요."

우리나라 대표 블로그 플랫폼인 네이버도 블로그 유입이 다시 늘고 있다는 사실을 진즉 알았을 것이다. 네이버는 2021년 5월 1일부터 네이버블로그 오늘일기 챌린지, 줄여서 '네이버블챌' 이벤트를 시작해 엄청난 화제를 일으켰다. 네이버블로그에 오늘의 일을 매일 한 개 이상 단 한 줄이라도 남기고, '#블챌', '#오늘일기'라는 태그만 달아서 14일 동안 작성하면 네이버포인트 1만 6000원을 주는 행사였다. 3일 연속 블로그에 글을 쓰면 1000원, 10일이 되면 5000원, 14일 동안 작성하면 추가로 1만 원을 지급하는 방식이라 14일을 채우기 위한 동기부여도 충분했다.

문제는 너무, 너무 트렌드에 부합했다는 것이다. 너무 많은 참여자가 몰리는 바람에 네이버는 시작한 지 3일 만에 이벤트를 종료하겠다고 해서 공분을 샀다. '#블챌' 태그로 확인했을 때, 3일 동안 일기를 쓴 이용자는 약 56만 명이었다. 만약 이 56만 명이 14일 동안 일기를 썼다면 네이버는 89억 6000만 원을 지불해야 했다. 공식적인 이유는 어뷰징 참여가 많아서 조기 종료한다고 했지만, 주최측의 조건은 처음부터 글이든 사진이든 매일 쓰고 정해진 태그만 달면 된다는 것이었기에 예상보다 많은 돈을 줘야 해서 조기 종료한 것 아니냐는 말이 나왔다.

비판 여론이 거세지자 네이버는 기존 3일 참여자들을 데리고 다시 블챌 이벤트를 시작했고, 우여곡절은 있었지만 결과적으로 네이버블로그 오늘일기 챌린지는 잘 끝났다. 모바일 빅데이터 플랫폼 모바일인덱스에 따르면 2021년 5월 네이버블로그 월간 순이용자가 283만 명으로 직전 달 238만 명보다 약 19% 증가했다. 한 달 만에 약 45만 명의 이용자 유입을 끌어낸 셈이다. 소셜 빅데이터를 분석하는 바이브컴퍼니에서도 2021년 5월은 '블챌'을 빼놓고 말할 수가 없다. 커피를 분석해도, 화장품을 분석해도, 일상을 분석해도 2021년 5월 데이터는 뾰족한 산을 그리는데 그때 연관 키워드가 '블챌'이다. '블챌'은 2021년의 가장 흥미로운 이벤트이자 기록에 대한 이 시대의 열망을 보여주는 단적인 예다.

이 시대에 '열심히'는 몰라도 '꾸준히'는 확실히 통하는 가치가 되었다. '시간의 변화'에서도 말했지만 이 시대에 사람들은 지속적으로 무언가를 꾸준히 하고, 그것을 콘텐츠로 만들어 의미를 생성한다. 키토제닉 다이어트 1일 차, 2일 차, 나이키런 1일 차, 2일 차… 이런 식으로 같은 행동을 반복하는 과정 그 자체를 기록한다. 디지털 플랫폼은 기록을 남기기에 최적화돼 있다. 다른 한편으로는 디지털 플랫폼이 있어서 우리가 기록을 남겨야 한다는 강박을 갖게 되었을 수도 있다.

'기록하다'가 증가하고, 대학생이나 고등학생 등 젊은 세대가 더 기록하고 있다. 특히 코로나 이후 기록이 대폭 증가했다. 왜 코로나 이후 기록이 늘었을까? 코로나 이후 '커피', '콜라', '소주'의 연관어로 줄어든 것은 '여행', '친구', '모임'이고, 늘어난 것은 '일상', '혼자', '집'이다. 비단 커피, 콜라, 소주만이 아니다. 무엇을 중심에 놓더라도 이 패턴은 분명하다. 밖에서, 여럿이, 시끄럽게 소비되던 것이 집에서, 혼자, 단조롭게 소비된다. 무리의 시대에서 무인의 시대로 가는 것이다. 부정적 의미의 외롭고 쓸쓸한 고독을 떠올릴 필요는 없다. 무리를 떠나 무인으로 가는 것은 사람들에 의해 선택된 것이다. 코로나를 계기로 가속화되고 강제된 면이 있지만 코로나가 끝난다 하더라도 사람들이 예전처럼 무리의 시대로 돌아가지는 않을 것이다.

디지털 플랫폼으로 연결된 무인의 시대, 그 안에서 사람들은 기록을 남기고, 타인의 기록을 보고, 타인의 기록에 반응하고, 그 반응에 다시 반응한다. 이때 기록은 보여주기를 목적으로 연출된 미장센과는 다르다. 블로그의 '일상' 연관 감성어는 순서대로 '행복', '스트레스', '여유', '진심', '고민'이다. 반면 인스타그램의 '일상' 연관 감성어는 '행복', '공감', '여유', 'JMT', '파이팅'이다. 인스타그램의 상위 20개 연관 감성어는 긍정 일색이다. 반면 블로그에는 '고통', '충격', '아픔' 등의 부정 감성이 함께 기록된다. 같은 사람이 올린 같은 내용이라도 블로그는 솔직한 이면이 다 기록되고, 인스타그램에는 꾸며진 모습으로 연출된다.

연출이 거짓은 아니다. 연출은 선택이다. 반면 기록은 날것 그대로에 가깝다. 날것 그대로 나의 소비를, 나의 생각을, 나의 일상을 기록한다. 기록은 아고라와 같은 게시판에서 주로 이루어졌던 토론이 아니고, 인스타그램과 같은 SNS에서 주로 나타나는 자랑이 아니다. 기록은 나를 재발견하고, 나의 생각을 구체화하고, 나를 알아가는 과정이다.

무리의 시대에서
무인의 시대로 가고 있다.

'나'에 천착하는 MZ세대, 특히 Z세대의 성향이 '기록'으로 나타나고, 기록의 플랫폼으로 현재는 '블로그'가 통용됨에 주목하자. 필자와 같이 생활변화를 연구하는 사람에게 기록의 시대는 축복과도 같다. 이전 세대와 DNA부터 다르다고 하는 Z세대, 그들을 알고 싶다면 지나갔다고 생각한 블로그를 다시 보자.

3. 남자 : 공정한 차별, 공평한 경쟁

생활변화관측소의 타깃 연구소에서는 비혼과 신혼, 10대/20대의 특이사항, 남과 여의 차이점을 연구한다. 연구하지 않는 타깃은 40대 이상의 중년, 아빠로서의 남성, 시니어다. 시니어는 초기에는 흥미로운 타깃이었으나 시니어가 다른 니즈를 가진 것이 아니라 이 시대의 트렌드를 조금 늦게 수용할 뿐이라는 결론에 이른 뒤로는 별도로 연구하지 않는다.

왜 누구는 연구하고, 누구는 연구하지 않을까? 연구 대상이 되는 '누구'들은 새로운 소비주체가 되었기에 연구한다. 그런데 이 신규 타깃이 다르게 행동하기 때문에, 무엇보다 이들이 들고 들어오는 새로운 양식과 가치관이 우리 사회에 영향을 미칠 것으로 예상되기 때문에 연구한다. 우리는 서로 연결된 사회에 살고 있다. 3000원 넘는 아메리카노를 카페에서 마시기 시작한 사람들은 20대 여성이다. 지금은 어떠한가? 우리 모두 그렇게 하고 있다. 키토제닉 다이어트, 미라클모닝 챌린지, 시간을 의미 있게 만들기 위해 매일매일 하는 챌린지성 프로젝트를 강의할 때, '도대체 누가 그렇게 하는 건가요?'라고 손들고 물었던 그 사람이 지금 그렇게 하고 있을 수 있다. 어떤 관공서의 주무관은 한참 뒤에 그 강의를 듣고 키토제닉 다이어트에 성공했노라며 문자를 보내왔다.

성/연령별 타깃 구분은 의미 없지 않으냐는 질문을 받곤 한다. 사람들이 각자의 개성과 취향대로 살고 있으니 이제는 취향이나 관심사로 나누어야 하지 않느냐는 것이다. 꼭 그렇지는 않다. 성/연령은 여전히 유효한 구분자다. 어떤 세대에 속하여 어떤 방식으로 공부하고 어떤 미디어와 매체를 경험했는지는 한 사람의 가치관과 행동양식에 큰 영향을 미친다.

성별도 마찬가지다. 패션 코드이자 자신의 개성을 표현하는 가치관으로서 젠더리스가 부상하는 것은 사실이지만, 남성과 여성이 다른 성향을 지니고 있는 것도 사실이다. 유튜브를 볼 때 그 차이가 확연히 나타나는데, 유튜브 시청 통계에 따르면 남성은 검색보다 구독을 더 많이 하고, 여성은 구독보다는 검색을 더 많이 한다. 생활변화관측소 빅데이터 분석결과에서도, 남성은 자신이 선호하는 유튜버의 채널을 구독해 그 채널의 소비와 라이프를 따르는 반면, 여성들은 좋아하는 유튜버가 있더라도 그와 별도로 본인에게 유용한 제품 정보를 제공하는 영상에 반응한다. 남성은 특정 분야에서 독보적인 실력을 갖춘, 소위 '우리형'의 채널을 따르고, 여성은 유용한 제품 정보를 검색해서 보는 것이다.

마케팅에서 젠더를 가르는 것은 위험하다. 남성만 오라든가, 여성만 오라든가, 여성과 남성은 이렇게 다르기 때문에 이렇게 다르게 준비했다는 식의 마케팅은 오는 사람도, 초대받지 못한 사람도 기분이 좋지 않고 논란만 남는다. 남녀를 가르자는 것이 아니다. 새로운 타깃인 남성이 우리 사회에 가져올 새로운 화두에 주목해보자는 것이다.

여기서 잠깐 타깃과 관련하여 하고 싶은 말! 타깃은 선이 그어져 있는 별도 그룹이 아니라는 것을 인지해야 한다. 그런 의미에서 세그먼테이션(세분화)을 다시 생각해보자. 세그먼테이션은 전체가 있다고 가정한다. 전체의 합이 100%라는 것 역시 가정이다. 그 100%를 상호 배타적인 4~5개의 그룹으로 나눈다. 마이크로 세그먼테이션이라고 하여 12개, 심지어 25개까지 나누는 것도 보았지만, 보통은 10개 미만의 그룹으로 나눈다. 어떤 방식으로 나누더라도 10개 미만의 그룹에는 프리미엄 추구 그룹(소득도 높고 씀씀이도 큰 그룹), 트렌드 추구 그룹(소득은 보통인데 얼리어답터), 실용성 추구 그룹(소득도 낮고 가성비 추구), 가족 중시형(중년들), 자기표현 중시형(젊고 SNS 많이 하는 사람) 등이 포함된다. 이러한 그룹 구분은 틀린 것도 아니지만 맞는 것도 아니다. 기존 고객 그룹과 다른 그룹을 타기팅하면 현실성과 구체성이 떨어진다. 인간은 서로의 눈치를 살피도록 진화했고, 디지털 혁명 이후에는 거대한 SNS 플랫폼을 통해 다른 사람의 라이프를 끊임없이 염탐하고 있는데, 이 모두를 10여 개의 배타적인 그룹으로 나눌 수 있겠는가? 그래서 배타적인 그룹으로 나누는 세그먼테이션은 '그만', 새로운 화두를 들고 등장하는 타깃 연구는 '유효'다.

모든 브랜드는 매스(mass)가 되기를 희망한다. 가능하면 남녀노소 누구나 사랑하기를 원하고, 저변을 넓히고자 한다. 그것이 맞다. 그러면서 동시에 엣지 있어야 한다. 그래야 1만 개 이상의 브랜드 사이에서 눈에 들어오고, 세월이 지나도 잊히지 않는다. 그때 필요한 것은 시대에 맞는 화두를 제시하는 것이다. 제시는 못하더라도 적어도 시대의 화두와 함께 가는 것이다.

다시 우리의 주제로 돌아와서, 새로운 소비주체로서 남성이 우리 사회에 새로운 화두를 들고 등장했다. 화두의 이름은 '공평함'과 '경쟁'이다. 공평함과 경쟁을 필두로 하는 남성 타깃을 가장 잘 이해하고 있는 브랜드는 '무신사'다.

무신사는 〈생활변화관측지〉의 단골손님이다. '무탠다드', '젠더리스 브랜드', 급기야 '무시무시 무신사' 등. 〈생활변화관측지〉는 매월 생활의 변화를 나타내는 한 장면을 포착해 표지를 그리는데, 29호는 무신사 스탠다드 플래그십 매장이 선정되었다. 2003년 인터넷 패션 커뮤니티로 시작해 이제는 국내 대표 패션 플랫폼이 된 무신사는 관측소 분석결과 최근 3년 5개월간 언급량이 8.5배로 증가했다.

무신사의 언급량은 매년 11월에 피크를 보인다. 무신사의 블랙프라이데이 세일이 소비자에게 각인되었고, 소비자가 해마다 반복적으로 이야기할 만한 거리를 주었기 때문이다. 무신사의 11월 피크는 매년 반복되면서 크기를 점점 키워가고 있다. 2018년 11월 1800건, 2019년 11월 3100건, 2020년 3600건, 그리고 2021년 5월 플래그십 스토어를 오픈하면서 5000건을 찍었다.[1]

월 5000건은 많은 것인가? 그렇다. 한 달에 5000건을 찍을 수 있는 브랜드는 화제성이 강한 브랜드, 예컨대 불닭볶음면 정도다. 2021년 5월 코로나 시국에 오픈했음에도 불구하고 무신사 스탠다드 플래그십 매장은 젊은 남녀의 방문으로 인산인해를 이루며 그야말로 핫플레이스가 되었다.

무신사는 어떻게 시장을 리드하는 브랜드가 되었을까? 그들의 플랫폼 차별화 전략은 무엇이었을까? 어떻게 계속 화제성을 유지하면서 소비자에게 새로움을 줄 수 있을까? 이들의 방식은 이러하다.

첫째, 혜택으로 당긴다. 둘째, 콘텐츠로 차별화한다. (패션의 콘텐츠는 브랜드.) 셋째, 소비자의 참여를 장려한다. 넷째, 카테고리를 확장한다. (패션에서 디지털 제품으로, 온라인에서 오프라인으로.)

무신사는 온라인 쇼핑 플랫폼 진화의 교본이다. 남성 타깃이 아니더라도, 패션이 아니더라도, 온라인 플랫폼을 준비하는 분이라면 무신사 교본을 따라야 한다. 단, 한 번에 이 모든 것을 할 수도 없고 하려고 해서도 안 된다. 이제 막 시작해 우리 팬이라 불릴 만한 사람도 없는 브랜드가 소비자의 참여를 끌어낼 수는 없다. 때가 되지

---

1) 생활변화관측지 Vol.29, "무신무시 무신사"

〈무신사 플랫폼의 진화 여정〉

2018년	2019년	2020년	2021년
Step 1. 차별적 혜택	Step 2. 차별적 콘텐츠	Step 3. 플랫폼 참여 확대에 집중	Step 4. 플랫폼 카테고리 확장
익스클루시브 혜택으로 콘텐츠 확산 '랜덤 쿠폰으로 비싼 아우터 득템하다'	도메스틱 브랜드 대중화 '국민백팩 커버낫 백팩을 패밀리 세일 때 사다'	아이코닉 패션 브랜드 쇼핑도 무신사임을 알림 '나이키에어조던 한정판 래플에 도전하다'	에어팟도 무신사에 있음을 학습 '에어팟 선착순 특가에 도전하다'
랜덤 쿠폰	도메스틱 브랜드	래플, SOLD OUT	홍대 플래그십
패딩, 아우터	패딩, 아우터 + 커버낫	커버낫 + 나이키, 컨버스	패션 + 에어팟 플랫폼 + 오프라인 매장

도 않았는데 확장을 꾀하는 것도 무리수다. '무탠다드'(무신사 스탠
다드)가 '기본템'이라는 보통명사를 역전한 것은 이미 2018년의 일
이지만, 무신사 스탠다드 오프라인 매장이 생긴 것은 그로부터 4년
뒤였다.

　무신사의 교훈은 공정한 차별과 공평한 경쟁이다. 아우터 페스
티벌의 랜덤 쿠폰은 누구나 참여 가능하고, 누구에게나 기회는 동
일하다. 하지만 혜택의 결과는 0~99%까지 천차만별이다. 결과적
으로 소비자는 때로는 실망해서, 때로는 신이 나서 자신이 받은 혜
택을 자발적으로 퍼나른다. 나이키 한정판 래플도 동일한 메커니
즘이다. 기회는 공평하고, 결과는 차별적이다.

　브랜드에도 똑같이 공평하게 대한다. 무신사는 브랜드 간의 위
상을 구분하지 않고, 고객들이 사랑하는 브랜드가 베스트 브랜드가

되게 한다. 무신사의 주요 탭은 랭킹인데, 커버낫과 나이키를 동일한 방식으로 순위 집계하고 동일선상에서 노출한다. 다양한 브랜드가 공정하게 경쟁할 수 있는 플랫폼 환경 덕에 더 많은 신생 브랜드가 쉬이 도전장을 내미는 브랜드의 장(場)이 되었다.

2020년 연말에 '가장 주목할 만한 브랜드를 하나만 꼽는다면?'이라는 질문을 받았을 때 필자는 주저 없이 무신사를 꼽았다. 2021년 (아마도) 연말 즈음에 읽을 분들에게도 가장 주목할 만한 브랜드로 여전히 무신사를 추천한다. 무신사가 그만큼 훌륭한 브랜드이기도 하고, 그들만큼 남성 타깃을 이해한 새로운 브랜드가 없다는 뜻이기도 하다.

무신사는 흰색 면티와 검은 슬랙스, 한정판 스니커즈와 가방, 평범한 듯 특별한 20대 남성의 패션 롤모델이 되었다. 하지만 20대 남성에게 삶의 롤모델이 되지는 못한다. 20대 이상에게는 어떨까? 흰 티와 슬랙스 이외의 패션을 필요로 하는 남성들에게 패션의 롤모델은 누구일까? 운동이라는 취미, 그중에서도 헬스와 관련된 롤모델은 존재한다. 그렇다면 다른 취미의 롤모델은 누구일까?

남성을 위한 제품은 자동차, 시계, 고급 술 등 지위재와 관련한 것들에 집중되어 있었다. 권위를 나타내기 위한 것이 아니라 자신의 취향을 드러내는 제품이나 서비스는 무엇이 있을까? 디지털 굿즈는 0순위다. 화상회의에 등장하는 남성을 보더라도 헤드폰을 낀 분들이 많지 않은가? 그다음 순위는 집 꾸미기와 관련된 것일 확률이 높다. 혼자 사는 남성의 집, 자취방이라 불리지 않는 혼자만의 집, 맨케이브라고도 불리는 그곳, 운동에 특화되고, 멀티미디어에 특화되고, 나를 위해 특별히 꾸며진 그곳을 제안하는 남성 취향 공간은 무엇일까?

남성향 생활용품도 기회가 있어 보인다. 큰 손 고무장갑, 색상이 너무 밝지 않은 생활용품, 살림하는 남성을 위한 브랜드. 화장품과 그루밍 시장은 남성 전용보다는 여성향에서 확장되는 편이 나을 것이다. 이미 여성 시장이 발달해 있다는 것을 알기에 특화보다는 확장이 더 합리적으로 보인다. 음료, 음식은 남성 특화라기보다는 남성이 하는 행동, 이를테면 운동과 같은 상황에 특성을 맞추는 것이 맞을 것이다.

여전히 풀리지 않는 숙제는 변화된 남성상을 위한 롤모델이 없다는 것이다. 자동차, 시계, 골프 등 지위재에 관심이 없는, 유흥적인 취미를 갖지 않은, 싱글 완전체로 살아가는 30대 남성의 롤모델은 누가 될 수 있을까?

누가 됐든 새로운 롤모델의 핵심가치는 '공평함'과 '경쟁'이다. 규칙에 맞게 경쟁하고 정당하게 대가를 얻은 사람이어야 하며, 권위를 가진 뒤에도 모든 것을 다 가지는 것이 아니라 자신의 몫만 공평하게, 정당하게, 바로 그것만 가져가는 사람이어야 한다. 이는 비단 남성에게만 해당하는 것이 아니다. 새로운 소비주체로 등장한 남성이 우리 사회에 요구하는 가치이기도 하다.

4. 현실 : 지하철 3호선에서 시작하는 판타지

2021년 2월 23일 모 잡지사에서 전화를 한 통 받았다. "비즈니스가 되는 소통에 대해 기사를 쓰려고 합니다. 클럽하우스와 제페토에 대해서 어떻게 생각하시나요?" "클럽하우스는 싫어하고, 제페토는 뭔지 모르겠습니다." 4월 6일 판교에 있는 어떤 회사에서 강의를 했다. 신나게 강의를 마치고, 마지막 질문. "메타버스에 대해 어떻게 생각하시나요?" "메타버스가 뭔가요?" 다시는 그 회사에서 강의 의뢰가 들어오지 않을 것이다. 5월 27일 생활변화관측소 아카이브 전시회 기획회의 중, "아카이브전은 오프라인 말고 메타버스로 진행합시다." "네에? 그게 가능한가요? 어떻게 하는 건데요?" 아카이브전은 오프라인으로도 온라인으로도 열리지 않았다. 7월 5일 메타버스 관련 주식들이 급등하고 필자가 잘 아는 회사 주식도 올랐다. 7월 27일 메타버스 관련 주식으로 분류된 회사에서 메타버스 관련 사업을 하고 있지 않다는 발표를 하면서 메타버스 테마주들이 하락세를 보였다.

이상이 지난 몇 개월간 필자를 흔들고 지나간 메타버스 관련 사건이다. 같은 시기에 생활변화관측소에서는 극강의 현실성이 뜬다는 것을 관측했다. 리얼리티 드라마보다 더 리얼한 하이퍼리얼리즘이 뜨고,[2] 극도로 연출된 무대를 만들기 위한 무대 뒤의 비하인드가

---

2) 생활변화관측지 Vol. 28, "'화제'가 되는 리얼리티, '회자'가 되는 하이퍼리얼리즘"

뜬다.[3] 보여지는 무대 위의 모습이 있기까지 무대 뒤 많은 고민과 노력이 있었다는 것을 엿볼 수 있기 때문이다. 사람들은 단순히 멋있게 연출된 장면뿐 아니라 그 모습을 만들기 위해 노력한 과정에 감동한다.

인스타그램 역시 마찬가지다. Z세대는 인스타그램 피드의 완벽한 연출사진보다 가볍고 솔직하게 나의 일상을 공유하는 인스타그램 스토리에 집중한다. 앞으로 꾸미지 않고 현실적인 모먼트를 있는 그대로 보여주는 것이 뜰 것이다.[4]

극강의 현실성과 극강의 가상성이 동시에 뜨고 있다. 그리고 이 둘은 동시에 같은 사람에게 수용된다. 이 둘은 양극단에 존재하는 것 같지만 하나의 공통점이 있다. 참여자의 공감을 불러일으키는 새로운 현실을 제시한다는 것이다. 그 현실에 공감할 수 있는 사람은 그 콘텐츠에 공감하는 또 다른 사람들과 커뮤니티성을 획득한다. 공감과 커뮤니티성, 바로 이것이 하이퍼리얼리즘과 메타버스의 공통점이다.

과거의 메타버스는 고글 같은 것을 쓰고 가상현실을 체험하는 것들이었다. K은행이 홍대 인근에 만든 복합문화공간에 가면 고글을 쓰고 건물에서 뚝 떨어지는 가상현실을 체험할 수 있었다. 즉 현실에 있을 수 없는 체험을 가능하게 해주는 것이 가상현실이었다. 최근에 선보이는 메타버스는 현실적인 가상의 공간에 내가 아바타로

---

3) 생활변화관측지 Vol. 30, "무대 뒤 비하인드도 빛난다"
4) 생활변화관측지 Vol. 30, "24시간 뒤 휘발되는 일상의 공유, 인스타그램 스토리"

참여하는 것이다. 그곳에는 나 말고도 많은 이들이 나와 유사한 모습으로 참여하고 있다. 그곳에서 우리는 하나의 커뮤니티를 형성한다. 이 커뮤니티의 중요한 점은 모두가 동등한 위상으로 참여한다는 것이다.

2021년 2월 동시에 필자 귀에 들어왔던 클럽하우스와 제페토. 왜 클럽하우스는 몇 달을 못 가고, 제페토는 계속 갈까? 제페토의 참여자는 모두가 주인공이다. 반면 클럽하우스는? 영향력을 행사하는 사람과 그런 사람을 구경하고 싶은 나머지로 나뉜다. 접속 시 나 중심으로 돌아가는 세계와, 이미 다른 사람 중심으로 돌아가는 세계를 기웃거리는 것 중에서 무엇이 사람들의 관심을 지속적으로 받을 수 있을까? 미제너레이션(Me-generation)이라는 지금 세대의 특성을 들먹이지 않아도 어떤 세계가 환영받을지는 정해져 있다.

메타버스는 예전에도 AR(증강현실), VR(가상현실)이라는 이름으로 존재했다. 과거의 가상현실은 잘 안 통했는데, 2021년 메타버스라는 이름으로 다시 붐이 일어나는 이유는 무엇일까? 무엇보다 기술의 발전이 있겠다. 덕분에 사람들이 메타버스를 어색하지 않게 받아들일 수 있게 되었다. 그리고 코로나가 있다. 코로나로 비대면, 가상의 경험이 일반화되었다. 기존의 메타버스가 게임이나 SNS와 같은 부가적인 서비스에 국한되었다면, 코로나 이후에는 우리 삶에 전방위로 침투했다. 일종의 가상현실에서 만나는 온라인 강의/회의는 초등학생부터 직장인까지 기본 교육/업무 방법이 되었다. 사람들이 자유롭게 어디를 가지 못한다는 것도 한몫했다. 일상을 잠시 벗어났다가 돌아오고 싶은 욕구를 가상현실이 채워주었다.

앞서 말했듯이 메타버스를 활용한 서비스의 관점 변화도 크다. 과거의 메타버스는 기술이 콘텐츠를 만들고 사람은 그 콘텐츠를 소비하는 소비자로 보았다. 지금의 메타버스는 가상판을 만들어놓고 그 안을 개인들이 채우도록 한다. 그래서 인간은 메타버스라는 세계에 나의 창작물을 만들어갈 여지를 얻었다. 창작이라는 인간의 기본 욕구가 기술과 만나게 된 것이다.

메타버스는 2021년 미디어가 가장 호들갑스럽게 떠드는 단어 중 하나다. 이런 단어일수록 경계할 필요가 있다. 하지만 메타버스라 불리는 서비스가 만들어내는 새로운 정체성, 새로운 현실은 생활 변화를 이해하는 중요한 축이 될 것이다. 메타버스에서 명품이 팔리는 등 상거래가 일어나고, 새로운 광고판으로 쓰이고, 새로운 기술 주식이 떠서가 아니다. 별도의 현실을 만들어내서도 아니다. 메타버스가 현실을 확장하기 때문이다. 자동차가 인간의 발을 확장했듯이, 메타버스는 우리가 겪는 현실을 확 넓혀준다. 자동차 덕분에 더 멀리 갈 수 있고, 나의 공간이 확장되고, 내 시간이 단축되거나 자동차 안에서 내 시간이 새롭게 생성되는 것처럼, 메타버스로 인해 멀리 있는 더 많은 사람을 만날 수 있고, 나의 정체성이 더 다양해지고, 내가 경험할 수 있는 폭이 넓어진다.

메타버스는 거기에 더해 불가능한 것을 가능하게 한다. 나를 떠난 다른 세계가 있는 것이 아니라 나에게서 시작해 나의 세계가 쭈

욱 끌어올려진다. 메타버스의 현실과 실제 현실을 구분하려 하지 말자. 마치 오늘날의 판타지 소설이 그러하듯이. 과거의 판타지 소설은 어딘가 알 수 없는 중원(Middle Land)을 가정했다. 혹은 2050년 핵전쟁으로 다 무너진 뒤 새로운 세계에서 시작했다. 지금은 평범한 서울의 직장인 김독자 씨가 지하철 3호선을 타고 한강 다리를 건너 퇴근하는 길에 갑자기 게임과 환상의 세계가 현실로 쑥 들어오며 시작된다. 웹소설을 기반으로 한 최근의 드라마와 영화를 보라. 지극히 한국적인 아파트, 골목길, 지하철을 배경으로 좀비와 외계인의 판타지가 시작된다.

메타버스의 가상현실과 실제 현실이 구분되지 않고 뒤섞인다는 것, 그 새로운 현실에서는 모두가 공평한 주인공이어야 한다는 것, 새로운 주인공들이 함께 커뮤니티를 형성한다는 것. 이것이 지금의 '가상○○', '현실○○'을 바라보는 소비자 입장의 관점이다.

5. 연대 : 소속감에서 연대감으로

각자의 공간에서, 각자의 관심사를 추구한다면 우리 사회 구성원 간의 동질감은 사라지는 걸까? 팀워크는 불가능해질까? 개인사회로 간다고 하지만 여전히 우리는 단체전에 강하고, 국가적 행사에 가슴이 뜨거워진다. 한국 콘텐츠가 해외에서도 잘되면 대견하고 자랑스럽다.

개인의 취향과 취미가 중요해진다고 해서 동질감이 중요하지 않은 것은 아니다. 다만 동질감을 느끼는 방식이 변화한다. 어떤 조직에 소속됨으로써가 아니라 같은 신념이나 생활양식을 공유하고 있다고 표현함으로써 연대감을 느낀다. 이 시대 동질감은 잘 가꾸어진 정원이 아니라 자연발생적 이끼군락에 가깝다.

나이키는 '러닝크루'라는 단어조차 낯설 때부터 러닝크루를 조직하고 협업하고 독려했다. 러닝크루는 마라톤 동호회와는 다르다. 러닝크루에게 중요한 것은 마라톤 완주가 아니라 같은 시간에 같은 취향의 사람들이 함께 뛰며 공감한다는 사실이다. '크루'라는 이름에서 알 수 있듯 수평적 관계를 지향한다. 운동을 위해 먼 곳을 가는 것이 아니라 일상의 도시 곳곳에서 같은 시간을 공유한다. 러닝크루는 물리적 장소에 함께 모이지 않더라도 '나이키런클럽' 앱을 통해 연결된다. 코로나 이후 나이키런클럽은 플로깅(쓰레기를 주우며 달리는 캠페인)과 연결되며 새로운 연대감을 더해가고 있다. 운동화를 파는 나이키는 운동화가 필요한 시간, 그 시간을 공유한 사람의 연대감을 북돋는다.

연대감을 느끼는 사람들이 서로를 반드시 알아야 하는 것은 아니다. 같은 장소에 모이지 않아도 가능하다. 나이키런클럽 등의 플랫폼이 없어도 가능하다. 같은 행동을 하고, 같은 신념을 공유하고, 나도 그 신념으로 그 행동을 하고 있다고 표현하는 사람들이 많아지면 연대감이 형성된다. 코로나 이후 인스타그램에 '#등산스타그램'이 2배 이상 언급되었다. 코로나 이후 등장한 등산에는 '술', '김

밥', '산악회' 장면은 없고 '커피', '패션', 개인의 '성취'를 보여주는 장면이 있다. 각자의 개인은 한날한시에 등산을 가기로 약속한 사람들이 아니다. 약속한 사람들이 아님에도 등산스타그램의 코드는 동일하다. 레깅스에 가벼운 등산화, 알 만한 브랜드의 티셔츠, 도시 근교의 산 정상, 혼자(아마도 사진을 찍어준 누군가와 함께 갔겠지만 사진은 단독샷).[5]

코로나 시대에 자연을 찾는 행위는 본능에 가깝다. 서울 도심에서 가까운 자연은 한강과 산이다. 사람들은 물리적으로 모이지 않지만 자연을 즐기는 방법을 공유하고 같은 행위를 함으로써 연대한다. 그때의 연대는 과거의 조직과 다르다. 조직은 위계질서를 안고 있다. 카페라 불리는 인터넷 커뮤니티만 해도 조직성과 규칙성을 갖고 있다. 만약 '등산을 사랑하는 사람들의 모임'이라는 인터넷 카페가 있다면 그곳에는 가입이라는 절차가 있고, 카페지기라는 조직의 대표가 있으며, 어느 게시판에 무엇을 적거나 적지 말아야 한다는 규칙이 있다. 반면 각자가 자기 SNS의 주인이면서 '#등산스타그램'이라는 해시태그를 단 사람은 같은 해시태그를 단 사람들과 일시적으로 하나가 되고 다른 해시태그로는 서로 다른 길을 간다. 전자가 배타성을 안고 있다면 후자는 배척할 필요가 없다. 행동이나 신념에 동의하면 '수락'하고, 그렇지 않으면 '거부'하면 된다. 새 시대의 동질감은 '테두리와 위계질서가 있는 조직'이 아니라

---

5) 생활변화관측지 Vol.17, "패션의 배경이 된 '산'"

'개인이 팔을 걸고 이합집산' 하는 모습을 띤다.

트위터는 결집과 해산이 쉽고, 동족성을 쉽게 확인할 수 있으며, 무엇보다 위계질서가 없는 플랫폼이다. 위계 없으면서도 서로 모일 수 있고, 나를 드러내면서도 숨길 수 있는 트위터의 독특한 관계 맺기 방식에 대해 좀 더 살펴보자. 트위터는 내가 보고 싶은 것들로 타임라인을 꾸미면서 나의 개성을 뚜렷하게 드러낼 수 있는 플랫폼이다. 그러한 특성이 팬덤을 형성하는 데 강력하게 작용했다. 기존의 팬카페는 보기 싫은 사람이나 글도 봐야 하고, '나' 보다는 '팬덤' 으로 묶여서 그 안의 한 객체로 존재했다. 반면 트위터는 팬덤에 소속된다는 느낌보다, 특정인을 사랑하는 '나' 들이 모여서 팬덤을 형성한다. 팬덤은 누군가를 좋아하는, 덩어리 숫자로 표현되는 정체 모를 집단이 아니다. 팬덤은 '팬인 나'를 드러내고 싶어 하는 개인들의 합이다. 이러한 팬덤에는 카페보다 트위터가 유리하다.

팬덤에 속하고 싶다면 팬덤을 드러낸 2~3명만 팔로우하면 된다. 반대로 원치 않을 때는 블락(차단)을 통해 쉽게 빠져나갈 수 있다. 트위터에는 블락, 블블, 블언블 등 친구를 맺었다, 끊었다, 다시 맺는 행위를 표현하는 용어가 발달해 있다. 누군가의 허락을 득하는 가입과 탈퇴 과정이 있는 카페를 정원에 비유한다면, 트위터는 이끼군락지에 가깝다. 각각의 이끼가 있는데 어떤 시각으로는 모든 이끼가 하나로 보인다. 하나의 이끼는 이쪽 군락이기도 하고 저쪽 군락이기도 하고 단독자이기도 하다. 이끼는 이쪽에 속하고 싶으면 스스로 들어오고, 아니다 싶으면 스스로 떠나간다. 경계와 위계가 모호하다. 바로 이것이 트위터의 핵심이며, 트위터가 팬덤에 가장 적합한 채널이 된 이유다.

2019년 한국을 방문한 트위터의 CEO 잭 도시는 트위터가 성장하는 중심에 K-팝이 있었다고 말했다. 2020년 트위터의 공식 발표에 따르면, 2019년 7월부터 2020년 6월까지 1년 동안 K-팝 관련 트위터 대화량은 61억 건에 달했다. 트위터 대화 내용에 K-팝이 높은 비중을 차지한다는 것은 한국어로 이루어진 트윗만을 말하는 것이 아니다, 세계 모든 언어를 합해서 그렇다는 이야기다.[6] K-팝의 핵심에 팬덤이 존재하고, 팬덤에 최적화된 채널은 트위터이고, 트위터를 통해 사람들은 나를 숨기면서도 드러내고, 개인으로 존재하면서도 동질감으로 연결된다는 것을 알 수 있다.

문제는 다수에게 메시지를 전달하고 싶은 쪽이다. 사람들이 테두리와 톱다운이 있는 조직이 아니라 개인이 팔을 거는 이합집산 형태로 존재하는 한, 메시지를 뿌릴 수 있는 곳이 없다. 어떤 브랜드가 자신의 정체성을 '빨강'에서 '노랑'으로 바꾸기로 결정했다. 2000년대라면 모든 이들이 보고 있는 '파랑' 신문 1면에 선언하면 된다. 사람들이 좋아할지 아닐지는 모르지만 어쨌든 알릴 수는 있었다. 2010년대 초반이라면 대형 인터넷 커뮤니티에 배너 광고를 걸면 된다. 신문이 아니므로 한 방보다는 여러 방을 쏘아야 하지만 역시 알릴 수는 있었다. 2020년대에는 한 방이든 여러 방이든 어디

---

6) 트위터 공식 블로그, "트위터와 함께한 K-pop 10년 역사와 성장", 2020-09-21

이 시대 동질감은 잘 가꾸어진 정원이 아니라
자연발생적 이끼군락에 가깝다.

에 쏘아야 할까? 모두가 같은 것을 보지 않는 시대. '모두'라는 테두리가 존재하지 않는 시대. 메시지를 샤워시킬 매체가 존재하지 않는다. 쫓아가서 메시지를 뿌릴 공동체가 존재하지 않는다. 내가 말하고 싶은 메시지는 이끼군락 근처에도 가 닿지 않을 것이다.

결국 사람들이 찾아올 수 있는 메시지를 만들어야 한다. 혹은 내 메시지의 증거를 만들어서 사람들이 그 증거를 통해 내 메시지를 말할 수 있도록 해야 한다. 만약 사람들이 나의 증거들을 보고 '노랑'이 아니라 '단풍색'으로 바뀌었다고 받아들인다면 그것이 나의 정체성일 수 있다. 때로 나의 주장보다 중요한 것은 사람들의 수용이다.

이 모든 것의 전제가 있다. 내 메시지를 받아들일 사람들과 팔을 걸고 있어야 한다. 시작점이 되는 팬덤이 필요하다. 그래서 팬덤의 시대라 하는 것이다. 한 줌의 팬들하고만 통하고 싶어서가 아니라 팬들을 시발점으로 도약하기 위해서다.

6. 열정 : Z세대의 #리스펙, #생리얼, #갓생

다름은 언제나 선(善)이다. 럭셔리 브랜드는 일반 대중과 다름을 드러내기 위해 희소하게, 고급스럽게, 결과적으로 비싸게 만든다. 패션 브랜드는 새로움, 이전과 다름을 향해 간다. 롱패딩 다음에 숏패팅, 비비드컬러 다음에 무채색이 유행하는 것은 그래야 하는 이유가 있다기보다 이전과 다름을 드러내기 위함이다. 인간은 새로움에 반응하도록 진화했다, 새로운 것에 호기심을 갖고 새로운 것에 도전하기 때문에 풀만 먹다가 고기도 먹고, 위험하지만 꿀도 따 먹으면서 생존율을 높였다.

새로운 세대가 다름을 추구하는 것도 어찌 보면 당연하다. 이전 세대의 조직 헌신에 반항하여 개인의 자유를 강조한다. '나는~'으로 시작하는 에세이가 넘쳐나는 것도 이전 세대의 '우리는~'이 있었기 때문이다. Z세대에 주목하는 이유도 그들의 다름 때문이고, 그들이 다름을 주장하는 것도 이전 세대와 차별화하려는 욕망 때문이다.

밀레니얼 세대도 다름을 주장했다. 그들의 다름은 퀄리티, 디테일, 고급, 한 끗 차이 같은 것들이다. 위계(hierarchy)가 있는 다름이다. 그래서 밀레니얼 세대는 브랜드의 급을 나눈다. 명품의 급, 차의 급, 취향의 급, 디테일의 급.

반면 Z세대는 다름 그 자체를 강조한다. Z세대는 남다름과 희소성이라는 가치를 시드 삼아 디지털에 나를 표현함으로써 수익을 만들어내는 것을 목격했다. 희소성 있는 제품을 소유하는 것도 중요하고, 본인 자체도 남달라야 수익으로 직결된다는 것을 인지하고 이를 이용한다.

"이런 ㅇㅇㅇ자켓, 남성분들은 거의 시도를 안 하는 코디 중 하나인데… 리스펙! 헤어스타일도 남다름"

'리스펙'은 힙합에서 시작된 표현인데, Z세대가 자신의 개성을 드러내고 상대의 개성을 인정할 때 쓴다. 주로 패션, 스타일, 취향 등에서 일상적으로 사용된다. Z세대의 키워드 '리스펙'은 '너다움'에 대한 인정이자 '나다움'을 인정받기 위한 전제조건이다.

물론 그들 사이에도 유행은 있다. 여성은 에이블리, 남성은 무신사로 몰리고, 나이키, 아디다스 신발에 브랜드 로고가 크게 박힌 반팔티, 통 넓은 검은색 바지. 개성 개성 하는데 커플룩인 줄 알았다고 말하는 분들도 있다. 그렇다, 시대의 유행은 차이보다 같음을 만들어낸다. 다만 차이가 있다면 밀레니얼 세대는 더 높은 곳으로 도망갔고, Z세대는 더 먼 곳으로 도망간다. Z세대에게 리스펙을 받고 싶다면 더 먼 곳으로 가야 한다. 무엇보다 나를 존경해달라고 주장하기 전에 상대를 먼저 존중하는 기업이 되어야 한다.

Z세대를 이해하는 두 번째 키워드는 '생리얼'이다. 생리얼은 연출되지 않은 날것 그대로를 좋아한다는 뜻이기도 하고, 조작된 것에 분노한다는 뜻이기도 하다. 그렇다고 아름답지 않은 거친 것을 좋아한다는 뜻은 아니다. 시각적으로 아름다운 것, 수준 높은 미장센을 많이 보았기에 Z세대의 미적 감각은 대단히 높다. 파랑, 빨강 이외에 웜톤, 쿨톤 등 색감을 이야기하고, 자신의 퍼스널 컬러를 살피는 것도 Z세대다. 하지만 밀레니얼 세대와 달리 Z세대는 연출되고 정제된 것만이 아니라 참담하고 리얼한 것들도 자신의 인스타그램 피드에 올린다. 앞서 말한 것처럼 이 연출컷이 나오기까지의 비하인드 스토리, 세계관, 숨은 뒷이야기에 열광한다. 뒷광고는 절

대 안 통하는 반면 앞광고는 얼마든지 수용한다. 조작과 같은 뜻이 지만 더 자주 '주작'이라 쓰이는 속임수는 결코 안 된다.

2만 9978. 2019년 투표 조작으로 밝혀진 오디션 프로그램에서 1~2위, 3~4위, 6~7위, 7~8위, 10~11위의 득표 차이다. 의혹은 한 인터넷 게시판에서 시작되었다. 설마 이렇게 성의 없게 조작했겠어? 오류가 아닐까? 설마 했던 한 게시글이 투표 조작을 밝혀내는 씨앗이 되었다. 휴대폰으로 친구들과 이야기했던 의혹이 사실로 밝혀지고 처벌받는 것을 보고 자란 세대와 '나서지 마', '계란으로 바위 치기'라는 말을 듣고 자란 세대의 공정성 감각은 다르다. 우리 사회가 조금이라도 공정한 사회로 나아간다면 그것은 새로운 세대 덕분이다. 기성세대는 공정성 면에서 Z세대에게 빚을 진 셈이다.

Z세대와는 쿨거래를 해야 한다. 앞에서 퍼주는 척하고 뒤로 챙기는 것은 안 통한다. 나는 무엇을 얻고 너는 무엇을 얻는지, 솔직한 사실로써 정당하게 윈윈하는 거래를 해야 한다.

Z세대를 이해하는 세 번째 키워드는 '갓생'[7]이다. 한때 우리 사회에서 가장 쿨한 장면이 '여유'였던 때가 있었다. 이국적인 풍경(주로 해변), 선베드에 누워 느긋하게 책을 읽는 모습, 2박 3일쯤 여기에 누워 아무것도 안 할 것 같은 여유, 실상은 원하는 연출컷만 나오면 다음 장소로 서둘러 이동할지라도 보여주고 싶은 모습은 여유 그 자체였던 때가 있었다. 이런 책도 있었다. 《성실함의 배신》,

---

7) 갓생 : '신(God)+인생(生)'을 뜻하는 말로, 덕질보다 현생을 열심히 살겠다는 다짐에서 확장돼 최근에는 스스로를 위한 목표를 세우고 열심히 사는 삶이라는 표현으로 쓰인다.

《하마터면 열심히 살 뻔했다》,《열정 같은 소리 하고 있네》. 필자도 2019년에 우리 사회가 '일하다'에서 '놀다'를 거쳐 '쉬다'로 가고 있다고 강의했다. 빈백소파에 반쯤 누워서 바다를 볼 수 있는 카페는 부산 최고의 핫플이었다.

Z세대에게 여유란? 있지도 않고, 바라지도 않고, 부리지도 않는 키워드다. 열정페이를 경험한 세대에게 열정은 힘든 것, 식는 것, 결국엔 착취로 이어지는 것이다. 그러나 Z세대는 열정이라는 단어에서 열정페이를 떠올리지 않는다. Z세대에게 열정은 '갓생'을 이루기 위한 원동력이다.

"방학되면 열심히 살 거야, 갓생 인생 가자!"

이 말에는 어떤 비유도 비꼼도 없다. 말 그대로 열심히 살고자 한다. 열심히는 일견 답답하고 고리타분해 보인다. 자유분방하고 개성 넘치는 젊은 사람과 어울리지 않는 것처럼 보인다. 젊은 세대가 '열심히' 사는 삶을 자랑거리로 삼은 것은 아마도 Z세대가 처음일 것이다. '열정 품은 타이머'의 줄임말로 공부 시간을 기록해주며 다른 앱을 사용하지 못하게 막아주는 '열품타'는 공부를 위한 수단이자, 공부 기록을 자랑하는 매개체다. Z세대의 SNS는 열품타 기록으로 가득하다. 비슷한 맥락의 '#스터디윗미'(study with me)는 몇 시간이고 자신이 공부하는 모습을 라이브로 공유하는 해시태그이자, 그 모습을 보면서 함께 공부하는 랜선 스터디 모임이다.

Z세대에게 열심히 공부하는 모습은 쿨하다. 성공을 위해 노력하는 게 당연하다고 생각해서일 수도 있고, 열정이 착취로 이어지는 과정을 경험하지 않아서일 수도 있고, 성실하지 않고는 그 많은 과제를 해낼 수 없는 오늘날 고등학생, 대학생의 현실을 반영한 결과일 수도 있다.

기승전 Z세대에게 중요한 것은 솔직함이다. 진부한 말이지만 진정성의 시대다. 기업이든 개인이든 자신의 행보를 꾸준히, 열심히, 재미있는 스토리로 풀어내야 한다. 꼼수는 통하지 않는다.

또한 진정성은 꾸준히 기록되어야 한다. 진정성은 묵묵히 있는 것이 아니다. 오른손이 하는 일을 왼손이 모르게 하는 것이 아니다. 오른손이 하는 일을 왼손이 꾸준히 기록해야 한다. 기록하는 왼손의 모습조차 기록되어야 한다.

7. 과금 : 플랫폼에 돈을 내는 소비자, 돈을 받아가는 소비자

'어디에 얼마만큼의 돈을 어떻게 쓸 것인가?'는 가치관의 문제다. 적어도 가치 판단이 개입한다. 어떤 돈은 100원도 아깝고, 어떤 때는 몇 십만 원, 몇 백만 원도 수용한다. 어떻게 지불할 것인가도 마찬가지다. 현금으로, 카드로, 할부로, 일시불로, 계좌이체로, 카카오페이로, 자동이체로, 어떤 방법을 선택할지에도 사용자의 가치 판단이 개입한다. 근본적으로는 돈을 낼 의향이 있는지부터 시작한다. 디지털 음원, 영상 콘텐츠, 웹소설이나 웹툰 등 손으로 만질 수 없고 디지털로만 이루어진 콘텐츠에 돈을 지불할 의향이 있는가? 얼마까지 지불할 의향이 있는가?

잠시 디지털 콘텐츠에 매월 얼마의 돈을 쓰고 있는지 계산해보자. 넷플릭스, 왓챠, 웨이브, 티빙 등 영상 콘텐츠 서비스, 멜론, 애플 뮤직, 바이브(Vibe) 등 음원 서비스, 영상 및 음원 서비스로 활용하는 유튜브 프리미엄, 쇼핑 플랫폼으로 시작한 쿠팡의 로켓와우, 쇼핑이자 콘텐츠 플랫폼인 네이버플러스 멤버십, 웹소설이나 웹툰을 볼 수 있는 리디북스, 네이버시리즈, 카카오페이지에 쓰는 돈. 비정기적으로 개별 구입하는 경우를 제외하고라도 적지 않은 돈을 고정비로 쓰고 있을 것이다. 온라인 게임을 즐기는 사람이라면 게임 아이템이나 패키지 구입비용이 더 나가고 있을 것이다. 그렇지 않다면 '나는 왜 콘텐츠에 돈을 지불하는 데 인색할까?'를 생각해볼 수 있다. 만약 이런 서비스가 있는지 몰랐다면, 카드 영수증을 꼼꼼히 들여다볼 필요가 있다. 어쩌면 본인도 모르는 사이에, 이용하지도 않는 서비스 이용료가 빠져나가고 있을 수도 있다.

예전 사람들은, 그러니까 음악이나 영상 콘텐츠를 본인 컴퓨터에 무료로 다운받던 시절을 기억하는 사람들은, 콘텐츠에 돈을 지불하는 데 상대적으로 인색하다. 그전까지 무료로 이용하던 서비스에 돈을 내라고 주장한 최초의 사례는 온라인 게임이다. 손에 잡히는 CD를 주는 것도 아니고, 사람이 와서 뭔가를 돌봐주는 것도 아니다. 순수하게 온라인 게임 접속권한을 사는 데 180일에 8만 8000원, 90일에 4만 7250원, 30일에 1만 9800원, 7일에 7040원… 이런 식으로 기간이 길수록 할인율이 커지는 구조였다.

디지털 콘텐츠 서비스 이용권한에 고정비를 내는 방식은 게임에서 온라인 콘텐츠로 확대되었고, 게임을 즐기는 사람을 넘어 상대적으로 콘텐츠에 돈 쓰는 데 인색했던 사람들의 지갑도 열게 했다. 유튜브 프리미엄 서비스는 이용권한에 돈을 낸다기보다는 불편함을 감수하지 않는 데 돈을 내게 만들었다. 돈을 낸다고 서비스 내용이 달라지는 것은 아니지만 광고를 보는 불편함을 없애고 백그라운드 재생을 가능하게 했다. 불편함을 제거하는 데 사람들은 얼마의 돈을 낼 수 있을까? 대략 8000원을 내다가, 거의 1만 원 돈을 내다가, 1만 원이 넘는 금액을 내고 있다. 점점 더 올라갈 것은 뻔한 결론이다. 불편함을 제거한 서비스는 불편함을 감수하는 방향으로 돌아갈 수 없다. 불편함 감수 비용이 사람들의 고정비로 자리잡고, 줄이거나 빠질 수 없는 금액이 되고, 결국은 서비스 이용의 필수 비용이 된다.

웹소설 플랫폼 역시 무료에서 유료로, 이전과 다른 방식으로 돈을 내라고 주장하는 서비스 중 하나다.

"원래 웹툰 좋아했지만 일주일씩 기다려서 보던 걸 요즘은 결제해서 보고. 각종 로판 섭렵하느라 오늘만 이만원 썼어요. 웹소설 한 화 보는 데 100원인데 가랑비에 옷 젖는 거 모르겠어요. ㅎㅎ"

2017년 1분기 약 1만 3000여 건이었던 '웹소설' 언급량은 2020년 2분기 들어 14만 3220건으로 11배 증가했다. 2020년 2분기 네이버시리즈 광고(〈재혼황후〉, 〈하렘의 남자들〉)의 영향으로 대중적 인지도가 높아졌으며, 전체적으로 우상향 상승세를 보인다.

웹소설은 플랫폼을 기반으로 연재되며, 과금이 가능하다. 웹소설 보는 방법은 두 가지가 있다. 일명 '기다무'(기다리면 다음화 무료)는 연재 중인 경우 일주일을, 연재가 끝난 경우는 하루에 한 편씩 보고 24시간을 기다려서 다음 화를 보는 것이다. 기다리기 싫으면 쿠키를 충전한다. 쿠키 한 개는 100원이고, 웹소설 한 편당 쿠키 한 개다. 휴대폰 화면으로 20페이지 좀 넘는 분량에 100원이다. 지금 이 순간 내 시간을 채워줄 재미있는 콘텐츠를 보는 데 100원, 그 정도도 못 쓰나? 심지어 한 편을 보고 나면 다음 편을 보지 않고 못 배길 스토리인데? 콘텐츠를 기다리는 습관은 쿠키 충전의 습관으로 바뀌고, 비정기적 충전비는 매월 들어가는 고정비가 된다. 보통은 1만 원 단위, 앞 예시의 로판(로맨틱 판타지) 마니아는 비정기적으로 단번에 2만 원을 쓰셨고, 필자가 아는 현판(현대 판타지) 마니아는 매달 고정비로 7만~8만 원을 쓰신다.

하지만 웹소설 플랫폼의 소비자는 영원히 소비자로만 남지 않는다. 웹소설 플랫폼 가입자는 웹소설을 읽는 대가로 돈을 내지만, 동시에 웹소설을 쓰는 보상으로 돈을 받기도 한다. 플랫폼에 돈을 내는 사람과 플랫폼에서 돈을 받는 사람이 정확히 일치하지는 않지만 정확히 분리되지도 않는다. 웹소설 플랫폼의 회원은 누구나 후보 작가다. 한 장르를 깊이 판 마니아들은 '내가 한번 써볼까' 하고 생각하게 된다. 전업 작가를 꿈꾸어서가 아니다. 취미인간 편에서도 이야기한 N잡러, 내가 좋아하는 것이 돈이 될 수도 있다는 가능성 때문이다. 웹소설 플랫폼은 그 가능성을 열어두었다. 책을 읽으려는 사람은 많지 않아도 쓰고 싶은 사람은 많은 시대다. 웹소설 플랫폼의 현재 독자는 미래의 작가를 꿈꾼다. 지금의 작가들도 과거의 독자였고, 그들도 습작의 과정을 거쳐 작가가 되었으며, 작가가 된 뒤 플랫폼으로부터 다운로드와 뷰 수에 따라, 즉 미리 정해진 규칙에 따라 정산받고 있음을 알기 때문이다.

디지털 콘텐츠를 만드는 사람은 소비자를 소비하는 사람으로만 두어서는 안 된다. 파트너로 끌어들여야 한다. 내가 아는 것보다 내가 만든 것에 더 애정이 가는 법이다. 나를 위해 준비된 것보다 내가 직접 참여한 것에 마음이 간다. 나는 내가 좋아하는 콘텐츠가 모여 있는 플랫폼의 회원이 되고 싶다. 그곳에 유료 멤버십 회원이 되어 혜택도 누리고, 때로는 콘텐츠 메이커가 되어 돈을 받고 싶다. 돈을 받는 것보다 중요한 것은 그럴 수 있다는 가능성이다. 하지만 쇼핑몰의 회원이 되고 싶지는 않다. 물건을 파는 마음이 앞서는 플랫폼에는 단 한 푼도 쓰고 싶지 않다.

어디에 어떻게 돈을 쓸 것인가? 그것을 결정하는 것은 돈을 주고받는 상대와의 관계다. 좋은 관계는 나도 돈을 벌고, 상대도 돈을 벌게 만드는 것이다. 웹소설 플랫폼은 독자를 왕으로 모시지 않았다. 대신 독자를 작가로 만들었다.

새로운 고객 상(像)을 만들어보자.

혼자가 된 개인

무리의 시대가 가고 무인의 시대가 온다. 4인 가족을 책임지는 주부가 아니라 1인용 삶을 영위하는 한 개인에게 말을 걸어야 한다. 여럿이 같이 살고 있어도 그는 개인이고, 벌크를 구매하더라도 소분해놓고 하나씩 꺼내서 사용한다. 말을 거는 기업역시 집단이 아니라 한 개인처럼 건네야 한다.

소비주체가 된 남성

지금까지의 소비주체들과는 다른 남성 소비자가 등장했다. 평범한 생활용품부터 본인만의 공간을 꾸미고 취향을 드러내는 감성템까지 소비하는 그들에게는 새로운 롤모델과 새로운 제품이 필요하다. 공정한 차별과 경쟁을 원하는 남성 소비자의 가치는 여기에서 시작해 이 시대 새로운 화두로 번져갈 것이다.

돈을 받아가는 소비자

가장 충성스러운 고객은 나로부터 돈을 받아가는 고객이다. 소비자를 영원한 소비자로만 보지 말고 우리 브랜드를 함께 키워가는 파트너로 인지하자. 결국 직원이 팬이 되어야 한다.

PART 1.

세계관의 변화

Chapter 2.

돈을 모으고 쓰는
새로운 기준

—— 구지원 ——

20대에게 1억은 자산증식을 위한 시드머니이자,

새로운 도전을 위한 시드머니다.

내 통장에 1억이 있다면 회사를 나와도 당분간은 먹고 살 수 있으며,

고정적인 수입이 없더라도 조금은 버틸 수 있겠다는 생각이 든다.

이때의 1억은 새로운 도전을 할 때 나에게 힘을 주는 물리적 액수인 동시에

무형의 가치인 '용기'로도 치환된다.

즉 일종의 '심리적 보험'과도 같은 것이다.

언제 다칠지 모르지만 실비보험을 드는 것처럼,

무엇 하나 확실한 것 없는 세상에서 나의 세계를 안전히 지키기 위한

최소한의 안전장치인 셈이다.

정답사회의 새로운 정답이 된 '1억'

알림장에 선생님 말씀을 못 받아적은 날엔 세상이 무너지는 줄 알았던 A씨. 이 어린이는 착실하게 자라 한 달 월급을 의미 있게 쓰지 않으면 세상이 무너지는 줄 아는 직장인이 되었다. 그녀의 통장 잔고는 2000만 원. 그렇게 되기 위해 그녀는 2만 원짜리 폰케이스 하나를 살 때도 며칠을 고민해야 했다. 계획대로라면 그녀는 서른 살이 되는 날 1억을 모은다. 그렇게 되리라 확신한다. 그러나 그녀는 지금 조금 지쳤다. 숫자로 만들어진 목표는 삶을 팍팍하게 한다. 키라는 열두 살에 부자가 되었는데, 서른 살에 1억을 목표로 하는 어른은 그렇게 멋있지 못한 것 같다. 그녀가 이런 목표를 세운 것은 너무 모범적으로 자란 탓이다. 초등학생 때부터 정답을 잘 찾는 법만 배워온 그녀는 정답을 쏙쏙 잘 찾는 어른이 되었다. 그녀가 서른 살에 1억이란 목표를 세운 것은 지금 이 시대의 정답이 서른 살에 1억을 모으는 것이라는 뜻이다.

—20대 중반에 접어든 직장인 A씨의 이야기

한국사회는 정답을 좋아한다. 오랫동안 우리 사회의 정답은 좋은 대학에 들어가 좋은 직장에 취직하는 것. 월급을 열심히 모아 내 집을 마련하는 것이었다. 그러나 더이상 회사원의 월급만으로는 집을 사기 힘들며, 월급을 따박따박 주는 평생직장은 없다는 것이 명제화되면서 우리 사회에 새로운 정답이 생기기 시작했다. 바로 '1억 모으기'다.

요즘은 친구들과 이야기하다 보면 어떤 주제로 시작했든 결국 돈 얘기로 귀결된다. 주식, 적금, 부동산, 재테크, 내 집 마련, 시드머니 등 어느덧 '돈'은 날씨만큼이나 만만한 스몰토크 주제가 되었다. 이것은 그저 느낌적인 느낌이 아니다. 당장 유튜브에 '30살'을 검색해보면 '30살에 1억' 모으는 법에 대한 콘텐츠가 넘쳐난다. 실제 소셜 빅데이터상으로 '1억 모으기'에 대해 어느 연령대가 가장 많이 이야기하는지 살펴본 결과 30대, 40대 커뮤니티에서는 언급량이 비교적 일정하게 유지된 반면, 20대 커뮤니티에서는 2019년 하반기부터 언급량이 늘기 시작해 2017년 1분기 대비 2021년 2분기에 약 7배의 증가를 보였다. 열심히 벌어 1억을 모으고자 하는 20대들의 열망이 이토록 강렬하다는 것이다.

"헉… 10월 2일에 곧 자산 3천만 원 된다고 했었는데 이대로 모으면 내년 2분기 말엔 5천만 원 돌파한다… 본가 생활, 월수익 70% 이상 저축, 고이자 적금의 만기 덕분인데 이대로라면 20대 목표였던 1억 모으기 20대 후반에 조기달성 가능할 것이다.

〈연령대별 '1억 모으기' 언급 추이〉

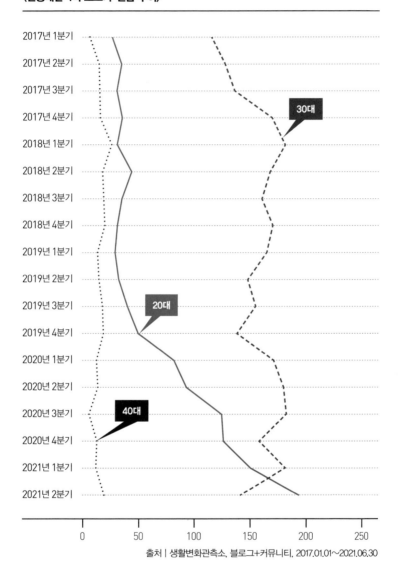

출처 | 생활변화관측소, 블로그+커뮤니티, 2017.01.01~2021.06.30

20대 동지 여러분들이여 시드머니를 모으세요 백만 원을 불려서 천만 원으로 그리고 1억으로"

왜 하필 1억일까? 1억은 물론 큰돈이다. 그런데 '현실성' 있는 큰돈이다. 3억, 5억을 떠올리면 평생 모을 수 있을지 없을지 머릿속이 아득해지지만 1억은 조금만 더 아끼고 저축하면 손에 잡힐 것 같은 금액이다. 물론 1억으로 집을 산다거나 당장 무언가를 할 수 없다는 것은 20대도 당연히 알고 있다. 그렇지만 1억을 모으면 2억, 3억을 모으는 데 속도가 붙을 것 같다는 생각, 다음 단계로 넘어가기 전에 찍어야 하는 중간 기착지라는 생각이 1억을 모으게 하는 원동력이 된다.

20대에게 1억은 기본적으로 자산증식을 위한 시드머니이지만, 한편으로는 새로운 도전을 위한 시드의 측면도 있다. 20대는 무언가를 시작하기에 아직 늦지 않다는 것, 진로를 탐색해볼 수 있는 마지막 시기라는 한국사회의 오랜 공식이 여전히 유효하다. 내 통장에 1억 원이 있다면 회사를 나와도 당분간은 먹고 살 수 있으며, 고정적인 수입이 없더라도 조금은 버틸 수 있겠다는 생각이 드는 것이다.

이때의 1억은 새로운 일이나 도전을 할 때 나에게 힘을 줄 수 있는 물리적 액수인 동시에, 무형의 가치인 '용기'로도 치환된다. 즉 일종의 '심리적 보험'과도 같은 것이다. 언제 다칠지 모르지만 실비보험을 드는 것처럼, 무엇 하나 확실한 것 없는 세상에서 나의 세계를 안전히 지키기 위한 최소한의 안전장치인 셈이다.

데이터에서 발견한 또 한 가지 재미있는 부분은 20대의 '노후', '병원비' 언급 비중이 30~40대 못지않다는 점이다. 언론의 걱정과 달리 요즘 20대는 벌써부터 노후를 걱정하고, 그만큼 많이 이야기한다. 국민연금이 나의 노후를 대비해주지 못할 것이라는 사회적 안전망에 대한 불신과 함께, 비혼이라는 선택지가 생기면서 진학과 취업에 이은 다음 목표가 경제적 자립을 통한 안정적 노후 대비가 된 것도 이유로 볼 수 있다. 20대 커뮤니티에서는 60대에 은퇴한다고 가정했을 때 현실적으로 드는 병원비, 생활비 등을 계산해 지금부터 저축해야 할 금액을 역으로 산출하고, 현재 월급으로 턱없이 부족할 경우 직업(job)을 늘리는 방법을 열심히 고민하는 현실적인 글을 심심찮게 볼 수 있다. 최근 4년간 30대, 40대 커뮤니티에서는 '저축'에 대한 언급에 큰 변화가 없었던 반면, 20대 커뮤니티에서는 2019년을 기점으로 지속적으로 상승하고 있다.

20대들은 저축과 관련해 어떤 이야기를 할까? 연관어를 살펴보면 '성형'이나 '코트' 등 나를 꾸미는 용도의 저축이나 '데이트'와 '여행'을 위한 저축은 줄어든 반면 '아파트', '주식', '부동산' 등 미래를 위한 투자형 저축이 크게 상승했다. 아울러 '노트북'과 '컴퓨터', '아이폰' 등 장비 구매를 위한 저축도 증가하고 있다. 꾸밈과 소비를 위한 저축은 줄고, 더 나은 생산성을 위한 투자형 저축이 증가하는 것이다.

"간식값, 밥값 아껴서 한 달에 15만 원씩 저축한 걸로 노트북을 샀음… 그리고 그 노트북으로 투잡을 뛰었고, 저녁시간과 주말 넷플릭스로 휴식의 퀄리티도 생김… 당장 집은 못 사지만 조금만 참으면 생활을 윤택하게 할 물건을 살 수 있는데…"

이는 단순히 트렌드가 변한 것이 아니다. 소비를 바라보는 20대의 관점이 총체적으로 변화하고 있는 것이다. 기성세대가 젊은 세대의 욜로[1]성 소비에 혀를 찼지만, 그건 겉으로 보이는 일부였거나 한때의 현상이었을 뿐 지금은 그렇지 않다. 대한민국에서 미래를 가장 치열하게 고민하고 자신의 위치를 현실적으로 냉정하게 바라보는 이들은 바로 20대다.

평생직장이 아니라 평생수입원

돈과 직업이 한국사회의 화두가 되면서 새롭게 나타난 신조어도 많다. 대표적으로는 'N잡'과 '파이어족'이 있다. 'N잡'은 말 그대로 여러 개의 직업, 'N잡러'란 여러 개의 직업이 있는 사람을 이야기한다. N잡은 코로나19를 기점으로 데이터상으로 10배 이상 언급량이 급증하는 모습을 보였다.

---

1) 욜로(YOLO) : '인생은 한 번뿐'을 뜻하는 'You Only Live Once'의 앞 글자로, 현재 자신의 행복을 가장 중시해 소비하는 태도를 말한다.

〈'N잡' 언급 추이〉

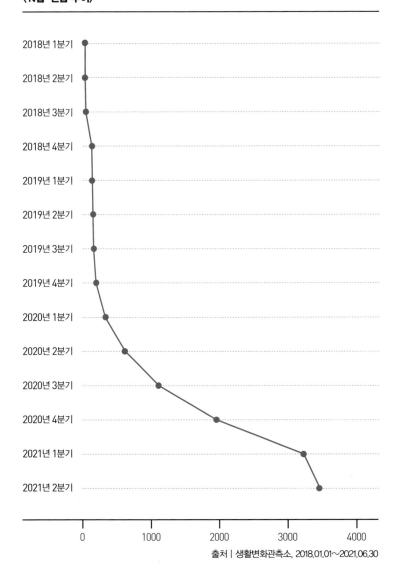

출처 | 생활변화관측소, 2018.01.01~2021.06.30

이제는 평생직장이 아니라 평생수입원을 이야기하는 시대다. 예전 같으면 다니는 회사에서 빠르게 승진하기 위해 개인시간까지 업무에 투자했다면 지금은 그 에너지를 다른 곳에 분산해 개인적인 일에 쓰기 시작했다. 코로나 이후 집에 있는 시간이 늘어난 것도 N잡 트렌드를 가속화했다.

"20대 직장인입니다. 퇴근하고 술집도 못 가고 친구들도 못 만나니까 집에서 보낼 시간이 늘어났어요. 처음에는 심심해서 유튜브를 보고 요리를 하거나, 온라인 원데이클래스를 했는데 이것도 매일 할 수는 없더라구요. 그러다 보니까 n잡을 해볼까? 이걸로 돈을 벌어볼까? 하는 생각이 계속 들어요."

기존에도 '투잡'이라는 말이 있었지만 N잡과 투잡은 성격이 엄연히 다르다. '투잡'의 연관어로는 '네트워크 마케팅', '창업', '자격증' 등이 나오지만 'N잡'의 연관어로는 '콘텐츠', '플랫폼', '부캐' 등이 나온다. 즉 투잡이 하나의 벌이로는 생계유지가 어려워 어쩔 수 없이 다른 일을 병행하는 것이었다면, N잡은 하나의 직업에 머물지 않고 자신의 관심사나 흥미를 기반으로 수익을 창출할 수 있는 일을 늘려가는 형태다. 그래서일까, 아직 잡이 없는 대학생조차 N잡을 생각한다.

동시에 뜨는 단어가 '파이어족'이다. 죽을 때까지 성실하게 살아야 할지도 모른다는 불안감 때문일까. 정년까지 일해야 한다는 생각에서 벗어나 불필요한 지출을 줄이고 젊었을 때 최대한 많은 돈을 벌고 일찍 은퇴하겠다는 파이어(FIRE)족[2]이 국내에서도 생겨나고 있다. 파이어족을 단순히 젊은 나이에 큰돈 벌어 일을 그만두려는 사람으로 생각하면 곤란하다. 그보다는 경제적 자립을 이룬 후에 자신이 가치 있게 생각하는 것에 집중하며 풍요로운 삶을 살겠다는 것이다.

그렇다면 한국형 파이어족은 과연 어떤 사람들이며, 이들은 얼마를 모아야 은퇴를 할 수 있다고 생각할까? 잡코리아가 알바몬과 함께 20~30대 성인남녀 1117명을 대상으로 조사한 결과 '파이어족이 될 생각이 있는가' 라는 물음에 응답자의 57.0%가 '있다'고 답했다.[3] 이들이 희망하는 은퇴연령은 39세, 목표로 하는 자산은 평균 4억 3000만 원이다.

갈아타는 소비, 유지하는 소비

당신이 누군가에게 물건을 팔고자 하는 사람이라면, 이 시점에서 한 번쯤 던져봐야 할 질문이 있다. 바로 '돈을 모으기로 작정한 이들이 무엇을 가장 먼저 포기할까?' 이다. 앞의 설문조사 결과 사람들

---

2) 파이어(FIRE)족 : 경제적 자립(Financial Independence)과 조기은퇴(Retire Early)의 합성어로, 말그대로 경제적 자립을 통해 40세 전후로 은퇴하려는 사람을 가리킨다.
3) 잡코리아, "한국형 파이어족 '4.3억 모아 39세 조기은퇴 희망'", 2021-03-19

돈을 모으기로 작정한 이들이
무엇을 가장 먼저 포기할까?

은 파이어족이 되기 위해 외식과 의복 구입, 음주 지출을 줄이고 있다고 대답했다. 한 번에 큰돈이 나가지는 않지만 모이면 제법 큰 지출이 되는 일상의 소소한 항목을 알뜰하게 관리하는 것이다.

그렇다고 이전 세대처럼 무조건 허리띠를 졸라매며 아낀다고만 생각하면 안 된다. 20대의 소비에는 기성세대와는 사뭇 다른 원칙이 있다. 단순히 싸다고, 많다고 선택받을 수 있는 게 아니다.

무제한의 몰락

다들 한 번쯤은 무제한 뷔페에 가서 허리 단추를 풀고 본전을 뽑기 위해 전투적으로 먹어본 기억이 있을 것이다. 무제한 요금제, 무제한 뷔페, 무제한 와인 등 '무제한'이 범람하던 시절이 있었다.

그러나 언제부터인가 사람들이 무제한을 찾지 않기 시작했다. 데이터상으로 보면 '무제한'의 언급량은 2018년 3분기 이후 꾸준히 하락하고 있다. 또한 2018년에는 '무제한'에 대해 '괜찮다', '유명하다', '먹고 싶다' 등 긍정 연관어가 주를 이루었다면 2021년에는 '부담', '필요 없다', '갈아타다' 등으로 바뀌어 긍정적 뉘앙스가 사라졌다. '무제한'이라는 말이 더이상 소비자들에게 매력적이지 않다는 의미다.

코로나 이후로 축소된 것은 술자리, 회식 등 불필요한 인간관계만이 아니다. 자신을 돌아볼 시간이 많아진 사람들은 그동안 습관적으로 하던 소비를 반성하고, 나에게 꼭 필요한 소비인지를 하나하나 따져보기 시작했다. 이른바 계산기를 두드려보기 시작한 것이다.

〈'무제한' 언급 추이〉

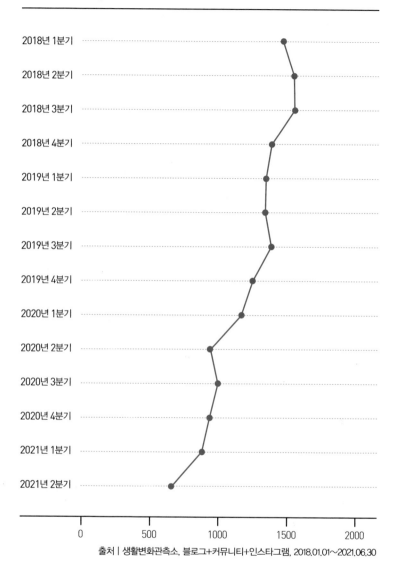

출처 | 생활변화관측소, 블로그+커뮤니티+인스타그램, 2018.01.01~2021.06.30

세계관의 변화

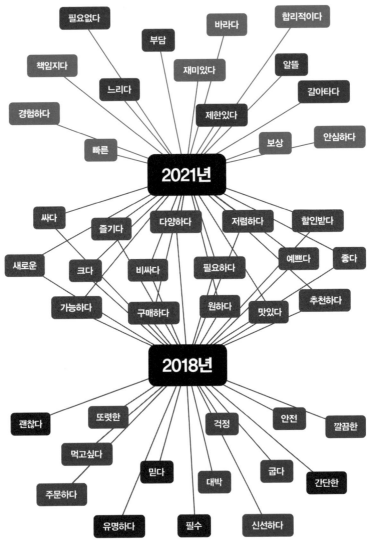

〈2018년 vs. 2021년(~6월) '무제한' 연관 감성어〉

필요없다
부담
바라다
합리적이다
책임지다
느리다
재미있다
알뜰
경험하다
제한있다
갈아타다
빠른
보상
안심하다

2021년

싸다
즐기다
다양하다
저렴하다
할인받다
새로운
크다
비싸다
필요하다
예쁘다
좋다
가능하다
구매하다
원하다
맛있다
추천하다

2018년

괜찮다
또렷한
걱정
안전
깔끔한
먹고싶다
믿다
급다
간단한
주문하다
대박
유명하다
필수
신선하다

출처 | 생활변화관측소, 블로그+커뮤니티+인스타그램, 2018.01.01~2018.12.31 vs. 2021.01.01~2021.06.30

예전에는 새벽배송, 로켓배송과 같이 소비의 '시간'을 줄이는 것이 핵심이었다면 이제는 불필요한 '양'을 줄이는 것이 핵심과제가 되었다. 이제 소비자들은 자신이 원하는 딱 그 양에 맞는 가격을 지불하고자 한다. 불필요하게 많은 양도, 합당한 가격인지 가늠할 수 없는 무제한도 더이상 선호하지 않는다. 정당한 가격을 지불하고, 그에 맞는 서비스를 받고 싶어 한다.

왜 그럴까? 재테크를 하는 사람들의 머릿속에서는 재화나 서비스의 가치가 주식 '한 주'의 가격으로 실시간 치환된다. 돈의 가치에 예민해진 것이다. 또 다른 이유로는 제로웨이스트와 같이 불필요한 자원을 소비하는 것에 대한 반성적인 태도가 사회 전반에 나타나고 있기 때문이다. 화장품을 사면 사은품으로 주는 샘플도 '샘플 폭탄'이라 말하며 받지 않을 권리를 요구하는 소비자들에게 무조건 많이 주는 전략은 더이상 효과적이지 않다.

요약하자면 과거보다 소비자들은 더욱 깐깐해지고 성숙해졌다. 그러니 그동안 관습적인 소비에 기댔던 브랜드들은 조금 긴장할 필요가 있다. 오랫동안 국내 음원 스트리밍 서비스 1위를 차지했던 멜론을 떠나 유튜브 뮤직으로 이탈하는 모습을 보라. 한번 개통하면 웬만해서는 갈아타지 않던 통신사 요금제도 예외가 아니어서, 유심을 직접 사서 필요한 만큼만 사용하는 알뜰요금제로 갈아타는 소비자가 늘고 있다. '영원한 건 절대 없어'라는 노랫말처럼, 고객들은 영원히 충성하지 않는다.

"나 진짜 초등학생 때부터 멜론 쓰고 스트리밍하고 그랬는데 올해 유
튜브 뮤직으로 갈아탔음. 플레이리스트도 좋고 그냥 순위 상관없이
그때그때 상황에 맞게 듣는 게 더 좋은 것 같음"

"옛날에는 무한리필집 이런데 많이 갔는데 요즘은 잘 안 가게 되지 않
아? 그냥 돈을 더 주더라도 퀄리티 보장되는 곳으로 가고 싶어 양보단
질인 듯 확실히ㅜㅜ"

"드디어 핸드폰 요금을 알뜰폰으로 바꿨다 유심 내일 올 거다 핸드폰
요금이 확 줄었다 깔깔 한 달에 필수적으로 나갈 고정비가 15만 원으
로 줄었군"

이는 기존의 '고정비'라 일컬어지던 통신비, 교통비, 외식비에
대한 개념도 언제든지 변할 수 있음을 시사한다. 매달 나가는 통신
비가 아까워 알뜰요금제로 바꾸더라도 광고를 보지 않게 해주는
유튜브 프리미엄의 1만 450원은 결코 아깝지 않을 수 있다. 기존의
가계부에는 존재하지 않던 '콘텐츠비', '정기구독비'는 새로운 고
정비 항목이 될 수 있으며, 몇 년 동안 유지했던 고정비라도 언제든
변동비가 될 수 있다.

누림의 대중화, 파인다이닝의 상승

무제한 서비스에 혹하지 않고 자신의 소비 패턴과 필요한 부분만
꼼꼼하게 따져 더 저렴한 대안을 찾아 갈아타는 20대. 이것만 보면
이들이 매우 합리적인 소비를 하는 것 같다. 그러나 이들은 때로 전

과거에는 '시간'을 줄이는 것이
핵심이었다면
이제는 불필요한 '양'을 줄이는 것이
핵심과제가 되었다.

혀 이해되지 않는 소비 패턴을 보이기도 한다. 바로 '플렉스'(flex)
다. 점심값을 아끼기 위해 회사에 도시락을 싸서 다니지만 주말에
는 인당 7만 원이 넘는 디너 코스를 먹는다. 알뜰요금제를 쓰지만 6
만 원이 넘는 신라호텔 망고빙수를 웨이팅해서 먹는다. 마치 물과
기름처럼 서로 다른 평행세계에 사는 사람처럼 보이지만 그렇지
않다.

20대에게 '아까운 돈'과 '아깝지 않은 돈'은 가격으로 나뉘지 않
는다. 20대의 플렉스 문화를 이해하기 위해서는 그들이 어떤 삶을
살았는지 알아야 한다.

지금의 20대가 서서히 소비생활에 눈떴을 2017년 무렵 '욜로'라
는 말이 대한민국을 강타했다. 글로벌한 트렌드에 힘입어 '젊을 때
써야 한다. 갖고 싶은 것은 당장 손에 넣어라!' 라고 말하는 욜로가
각종 미디어와 광고의 메시지로 등장하기 시작했다. 한 번 사는 인
생 뒤돌아보지 말고 지르자는 명분으로 제품을 사는 것뿐 아니라
여행, 호캉스 등 나를 위한 경험에 큰돈 투자하는 것이 장려되었고,
방학 시즌이면 너나 할 것 없이 유럽여행 피드가 올라왔다. 이는 인
스타그램이라는 플랫폼의 성장과 함께 더욱 빠르게 확산되었다. 미
래를 생각하지 않고 돈을 쓰는 것이 사회적으로 '쿨'해 보였고, 이
는 마치 평생 돈을 모으기만 하고 쓰는 방법은 모른 채 나이 든 기
성세대에 대한 반발 같기도 했다.

그러나 장기적인 저성장 기조와 취업난이 겹치면서 '이렇게 써
도 되는 거야?' 라는 불안함이 즉각적 소비가 주는 만족감을 넘어서

기 시작했다. 그러면서 '욜로'라는 이름으로 20대의 소비를 조장하는 세태에 대한 반성과 불평의 목소리가 동시에 나오기 시작했다. 이를테면 '당신은 집도 있고 저축도 하면서 왜 우리한테는 다 쓰라고 하나. 내 인생 책임져줄 것도 아니면서' 같은 것이다. '욜로하면 골로 간다'가 하나의 유행어가 되면서 욜로는 점차 사용자들의 언어에서 자취를 감추었다.

그러다 2019년 '플렉스'라는 말이 국내 힙합씬을 중심으로 빠르게 퍼지기 시작했다. 초반에는 명품이나 쉽사리 살 수 없는 비싼 물품 사는 것을 뜻했지만, 단어의 외연이 넓어지면서 스티커나 영양제처럼 작고 사소한 것을 한 번에 사는 행위에도 쓰이게 되었다.

욜로와 플렉스에는 차이가 있다. 욜로가 인생에 대한 전반적인 '태도', 즉 저축보다는 소비를 지향하는 가치를 말하는 것이었다면, 플렉스는 가격보다는 그동안 차곡차곡 모아왔던 소비에 대한 갈증을 한 번에 터뜨리는 '행위'가 중요하다. 플렉스하는 사람은 저축도 열심히 한다. 그러나 어떻게 매일 저축만 하면서 살 수 있으랴. 그들에게도 팍팍한 삶의 스트레스를 한 번씩 해소시켜줄 플렉스가 필요하다. 직장인들이 월급날 '스티커 플렉스'를 하는 이유는 월급의 적은 일부를 사용함으로써 일시적이나마 소비 욕구를 풀고, 다시 돈을 모으기 위함이다. 퇴직금으로 백화점에 가서 평소 마음에 두었던 명품백을 사는 것은 내 집 마련을 포기했다는 선언이 아니다. 그동안 열심히 버티며 일해온 나를 칭찬하고, 바쁜 일에 치여 소홀히 했던 자신을 대접해주는 것이다.

무언가를 누린다는 것, 대접받는다는 감각은 20대의 소비에 핵심적인 동인이 된다. 20대 커뮤니티에서 '파인다이닝'의 언급은 해마다 증가하고 있다. 동기간 '무제한'에 대한 언급은 절반 이하로 줄어든 반면, 연말 시즌에만 증가하던 '파인다이닝'은 코로나의 영향에도 불구하고 언급량이 꾸준히 증가했다. 단순히 코로나 때문에 프라이빗한 공간을 찾거나, 고급 식문화에 대한 이해가 높아졌다는 것만으로는 20대가 파인다이닝을 즐기는 현상을 온전히 설명하기 어렵다.

"여러 가지 회사 일들로 꽤나 피곤하고 지쳤었는데, 생각지도 못한 분위기를 만나서 전환이 된다. 긴 휴가나 여행을 갈 수 있는 게 아니라면, 가끔 일상에서 새로운 분위기를 만드는 게 긴장을 풀어주는 거 같다 #따스함 #햇살 #창가 #편안함 #아늑함 #주말 #데이트 #휴식 #기분전환 #프렌치 #파인다이닝"

파인다이닝의 높은 가격에는 서비스 가격이 포함돼 있다. 파인다이닝에 가면 평소 맛보기 힘든 귀한 식재료로 만든 음식을 대접받는다. 항상 대기중인 종업원은 내 컵의 물이 비어 있는지, 음식의 온도는 적절한지, 알러지를 유발하는 재료는 없는지 하나하나 체크하며 나에게 맞춰준다. 적어도 식사 시간만큼은 지불한 가격만큼의 재화와 서비스를 누릴 수 있다.

뷔페에서 세 접시도 못 먹는 사람에게 무제한 초밥은 큰 의미가 없다. 오히려 통으로 된 제주산 애플망고 2개와 시원한 호텔 라운지에서 대접받는다는 감각, 그리고 인스타그램에 올릴 사진까지 건질 수 있는 6만 4000원짜리 호텔 망고빙수가 더 아깝지 않다. 적어도 지금 20대에게는 '어차피 열심히 일해도 집 못 사니까 그냥 써'라고 말하는 욜로보다 '너는 열심히 일했으니 이것을 누릴 자격이 있어'라고 말하는 플렉스가 더 효과적인 처방인 셈이다.

지금 가장 쿨한 플렉스, 칠랙스

욜로와 플렉스, 그 뒤를 이어 어떤 소비방식이 트렌드가 될까? 2021년, 데이터상으로 조금씩 잡히고 있는 트렌드는 바로 '칠랙스'(chillax)다.

얼핏 보면 플렉스와 비슷한 것 같지만 칠랙스는 '긴장 풀다'(chillout)와 '휴식하다'(relax)의 합성어로, 몸에 긴장을 풀고 편안히 휴식하는 것을 의미한다. 'Netflix and chill'이라는 표현이 일상적으로 사용될 정도로 외국에서는 'chill'이라는 표현이 많이 쓰이지만 국내에서는 힐링에 가려 거의 사용되지 않았다. 그러다 패션 브랜드 메종키츠네의 심볼인 여우가 발라당 누워 느긋하게 쉬고 있는 칠랙스폭스(Chillax Fox) 로고가 인기를 끌면서 국내에서도 칠랙스라는 표현이 조금씩 나타나기 시작했다.

초기에 소셜미디어에 언급된 칠랙스의 씬들은 '수영장 전세 낸

가족여행 칠랙스', '빌라에 딸린 개인풀에서 소다를 마시며 칠랙스하고 싶다' 처럼 주로 돈을 쓰면서 호화롭게 여유를 즐기는 모습으로 묘사되었다. 이러한 흐름에 발맞추듯 최근 명품 브랜드 프라다가 캠핑 트렌드를 겨냥한 아웃도어 라인을 출시했으며, 메종키츠네가 아웃도어 브랜드 헬리녹스(Helinox)와 콜라보한 칠랙스폭스 컬렉션은 1시간 만에 품절되기도 했다.

그러나 꼭 호화롭게 돈을 쓰면서 쉬어야만 칠랙스가 되는 것은 아니다. 거창하게 옷을 차려입거나 꾸미는 데 힘을 들이지 않고, 편한 차림으로 집앞 공원에 간다거나 아무것도 안 하고 쉬는 것도 충분히 칠랙스가 될 수 있다.

"담주 본격 출근 앞두고 바람쐬러 나온 건데 제대로 칠랙스하고 있음ㅋㅋㅋㅋㅋㅋㅋㅋ 하 그냥 이 순간이 영원하면 좋겠다ㅜㅜ"
"편한 옷으로 집앞 편의점 나와서 아이스크림 사고 시티팝 들으며 귀가하는 일상. 제법 칠랙스 해."
"다음 주말은 진짜 어떤 이벤트도 없이 집에서 chillax하며 보낼 테다… 동거인이랑 맛난 것들 잔뜩 해 먹어야지"

그동안 미디어나 광고 속 직장인의 평일은 대체로 업무에 찌들어 있거나, 상사에게 구박받고 혼자 옥상에서 캔커피 마시는 모습으로 묘사되었다. 그들의 평일 업무시간은 웃을 일, 놀라운 일 하나 없이 지루하기 짝이 없어 보이며, 그들의 진짜 일상은 퇴근 후 회사 문을

〈'칠랙스' 연관 라이프 씬〉

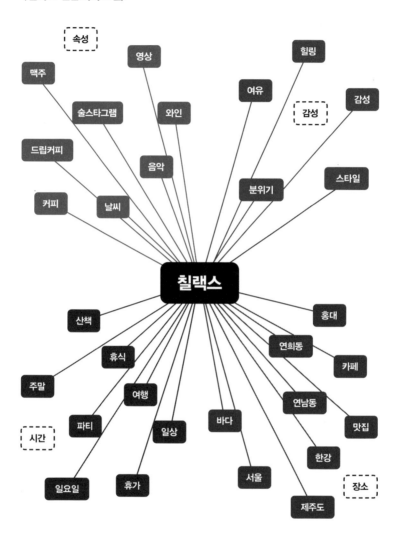

속성

영상 힐링

맥주

술스타그램 와인 여유 감성 감성

드립커피 음악 스타일

커피 날씨 분위기

칠랙스

산책 홍대

휴식 연희동

주말 카페

여행 연남동

파티 일상 바다 맛집

시간 한강

일요일 휴가 서울 장소

제주도

출처 | 생활변화관측소, 인스타그램, 2018.01.01~2021.08.31

힘을 풀고 쉬는 것이 이 시대의
새로운 쿨함이 되었다.

박차고 나가야만 시작되는 것 같다.

항상 긴장해 있고 피곤한 직장인의 모습이 아니라 긴장을 풀고 칠랙스하는 씬을 공략해보는 건 어떨까? 힘을 풀고 쉬는 것이 이 시대의 새로운 쿨함이 되었다. 퇴근 후 마시는 와인과 넷플릭스, 친한 친구들과의 가벼운 파티, 반차를 내고 시티팝을 들으며 산책하는 것이야말로 직장인들이 갈망하는 것이자 가장 보고 싶어 하는 장면일지도 모른다.

돈을 말하는 브랜드가 돈을 번다

예적금만 하면 바보라 불리는 사회에서 돈에 대해 솔직하게 말하는 것은 더이상 흠이 되지 않는다. 브랜드도 마찬가지다. 과거에는 기업이 돈 벌고 싶다고 말하면 돈을 밝힌다고 손가락질 받았지만, 이제는 돈에 대해 솔직하게 말하는 브랜드가 더 멋있어 보인다.

2019년 11월 론칭한 '모베러웍스'(Mo Better Works)는 빠르게 떠오르는 신생 브랜드다. 모베러웍스는 이름 그대로 더 나은 방식으로 일하고 싶어 하는 사람을 위한 브랜드다. 그들은 티셔츠나 문구류에 직장인이라면 누구나 한 번쯤 채근받아봤을 ASAP(as soon as possible)의 의미를 비틀고(as 'slow' as possible) '노 어젠다'(No Agenda)라 새겨 판매한다. 브랜드 마스코트인 '모조'는 유쾌하고 실없으며 매사에 여유 있는 철새다. 해먹에 누워 일은 최대한 미루며 쉬고 싶은 직장인의 염원을 담아 만든 캐릭터로, 좌우명은 'Small Work Big Money'다.

이 신생 브랜드가 단기간에 많은 팬을 모을 수 있었던 중요한 이유는 제작자가 직장인이라는 자신의 페르소나를 숨기지 않고 제품에 녹여냈기 때문이다. 이들은 브랜드 탄생부터 제품 제작까지 모든 과정을 자체 유튜브 채널인 'MoTV'에 공개했으며, 댓글에는 이들을 응원하는 팬들이 직장인에게 필요한 제품이나 새로운 캐릭터에 대한 여러 아이디어를 준다. 덕분에 이들이 판매하는 제품은 노트북 파우치나 머그컵, 텀블러 등 흔히 떠올릴 수 있는 오피스 굿즈에 머무르지 않는다. 창작자 자신이 일할 때 실제로 사용하는 10가지 차트 포맷도 팔고, 사용법도 공유한다. 적게 일하고 돈은 많이 벌고 싶지만 또 한편으로는 일을 잘해내고 싶은 직장인들의 욕망까지 세심하게 캐치한 결과물이다.

출처 | 모베러웍스 공식 인스타그램

'사는 것이 힘들다면 사는 재미라도'라는 슬로건을 가진 디에디트(The Edit)는 전자기기를 비롯해 다양한 제품을 유튜브 채널과 웹사이트에 올려 소개하는 미디어 회사다. 8000원짜리 칫솔부터 호

출처 | 머니사이드업 공식 인스타그램

텔 패키지, 인테리어 용품, 3000만 원짜리 세단까지 소속 에디터들이 사고, 먹고, 보고, 경험하는 모든 것들을 리뷰한다. 갈고닦은 소비 경험을 바탕으로 이들은 2021년 '머니사이드업'이라는 브랜드를 론칭했다. 브랜드 이름에 'Money'를 대놓고 넣었을 뿐 아니라 '나는 네가 부자가 됐으면 좋겠어'라는 메시지를 당당히 내세우고 있다.

방금 소개한 두 브랜드에는 공통점이 있다.

첫째, 돈에 대해 솔직하게 말한다는 것.

둘째, 위트 있는 문구가 들어간 제품(이자 메시지)을 판매한다는 것.

셋째, 유튜브 채널을 기반으로 팬들의 피드백을 상품 제작에 반영한다는 것이다.

세계관의 변화

요즘 직장인들은 돈에 대해 솔직하고 위트 있게 말하는 브랜드를 좋아한다. 이들 브랜드가 돈을 많이 벌고 싶다고 대놓고 말하는데도 밉지 않은 이유는 귀엽고 트렌디한 무드의 캐릭터와 디자인도 한몫하지만 그들이 던지는 메시지가 진짜 직장인들에게서 나왔기 때문이며, 꾸준히 돈과 소비에 대한 자신의 생각을 말해왔기 때문이다.

그렇다면 당신의 브랜드는 어떤 방식으로 세련되게 '돈'을 말할 수 있을까? 힌트를 하나 주자면, 직장인의 일상을 건드려보는 것이다. 가장 쉽게 접근할 수 있는 것이 요일이다. 당장 주4일제가 시행되지 않는 한, 직장인의 일주일 중 5일을 차지하는 것은 주말이 아니라 9 to 6로 일하는 평일이다. 그들이 주말에 어디에 가서 무엇을 살지 생각하기보다 그들이 훨씬 많은 시간을 보내는 평일을 공략하는 것이 더 쉽다.

일을 하다 보면 돈 쓰고 싶어지는 순간들이 있다. 월급날은 물론이고 연말정산으로 생각보다 많은 돈을 돌려받았을 때, 끊이지 않는 클라이언트 요구에 단전에서 깊은 화가 올라올 때, 달달한 디저트와 동료들과의 수다가 필요할 때 등등. (참고로 소셜 데이터상으로 직장인들의 당이 떨어지는 시간은 오후 4시다.) 이럴 때 '오늘도 힘내세요!'나 '티끌 모아 티끌' 같은 어쭙잖은 위로를 하기보다는 차라리 '배고프니까 청춘이다'(배달의민족), 'Everyday Payday'(머니사이드업)와 같은 유쾌한 농담을 던져보자.

이 책을 읽고 있는 당신도 아마 높은 확률로 직장인의 카테고리에 속해 있을 것이다. 자신의 삶과 직업 그리고 일에서 느끼는 결핍을 생각해보자. 직장인, 이들은 그 누구보다 우리가 잘 알고 있는 타깃이다.

'직장인' 페르소나에 '20대'를 더하면

매년 트렌드를 관측하다 보면 나중에는 학교 생활기록부의 장래희망란이 없어지거나 무한히 커져야 할 것 같다는 생각이 든다. 잠시 어린 시절로 돌아가 보자. 장래희망을 묻는 선생님의 질문에 회사원이라고 답한 사람이 반에 몇이나 있었는가? 십중팔구는 커서 직장인이 되지만, 어릴 때부터 평범한 직장인이 되기를 희망한 사람은 많지 않았을 것이다.

"뭔가 이렇게 그냥 평범한 직장인으로 살고 싶지 않았는데 싶다. 어릴 때는 부모님 직업 학교에서 써오라고 했잖아. 나는 거기다가 직장인이라고, 회사원이라고 재미없는 단어는 써넣지 않을 거라고 다짐했었는데… 죽을 만큼 힘들게 살았는데 결국 직장인 회사원 3글자 타이틀 얻은 거뿐이네ㅠㅠ
ㄴ 알 거 다 알고 머리 굵어진 고등학생들조차 자기 장래희망 없으면 없다고 쓰지 회사원 직장인 이렇게 쓰진 않더라
ㄴ 나도 솔직히 지금 회사 뛰쳐나와봤자 뭐 특별한 전공을 한 것도 아

니고 결국은 또 걍 지루한 직장인…일 듯해서 나가고 싶어도 못 나
감ㅠ"

지금 다니고 있는 회사가 마음에 들지 않아 이직을 해도 결국 직
장인이다. 대한민국에서 가장 보편적인 타깃이지만 바꾸어 생각하
면 직장인은 여성, 남성, 사회초년생부터 시니어까지 그 어떤 타깃
보다 넓으며 공감대를 형성하기도 좋은 페르소나다.

보편적으로 페르소나를 설정할 때는 남성인지 여성인지, 소득분
위 몇 구간에 속하며 어떤 취미를 가진 사람인지, 주말에는 어떤 핫
플레이스에 가고 어떤 브랜드를 좋아하는지까지 가급적 캐릭터를
섬세하게 만드는 데 집중한다. 그러나 직장인을 페르소나로 두는
순간 그것들을 세분화하는 것은 큰 의미가 없어진다. 물론 여의도
금융인과 판교 개발자의 복장이나 책상에 놓인 사무용품은 사뭇
다를 것이다. 회사에서 걸어서 5분 거리에 자취방을 얻은 직장인과
경기도에서 서울로 출퇴근하는 직장인의 아침이 서로 다른 시간대
에 시작될 것은 분명한 사실이다.

그럼에도 직장인이기에 공통으로 겪는 경험이 있고, 직장인끼리
통하는 언어가 있다. 직장인이라는 타깃 안에 성별과 나이에 관계
없이 공유하는 것들이 있다. 직장인이라면 누구나 내가 제공한 노
동력만큼 임금을 받기 원하며, 빨리 더 많은 돈을 벌고 싶어 한다.
야근하고 돌아가는 택시 안에서 한없이 작아지는 기분을 느끼며,
언제나 그만두겠다고 입버릇처럼 말하지만 따박따박 들어오는 월

급 없이 무언가에 도전할 용기는 없다.

다만 20대 직장인들이 기성세대 직장인과 다른 점이 있다면 그들은 '돈'에 대해 더 솔직하다는 것이다. 지금의 20대는 자신에게 명확한 가치를 주지 못하면 습관적으로 하던 소비도 쿨하게 갈아탄다. 누군가가 보기에는 말도 안 되는 가격일지라도 내게 본전 생각이 나지 않게 한다면 그 소비는 유지한다. 이솜 주연의 영화 〈소공녀〉를 보면 극중 가사도우미인 주인공 미소는 월세를 내지 못해 친구들의 집을 전전하며 살아간다. 그들의 집을 치워주면서 받은 일당으로 한 잔에 1만 원이 넘는 위스키를 마신다. 그 위스키만 참으면 그렇게 돌아다니면서 살지 않아도 된다고 말하는 사람에게 그녀는 "집은 없어도 생각과 취향은 있어!"라고 말한다.

영화 캐릭터라 다소 과장된 설정은 있겠지만, 미소는 7평짜리 원룸에 살아도 인센스 스틱과 와인 냉장고를 갖춰놓는 오늘날 20대의 가치관을 잘 반영한 페르소나다. 지금 20대들은 집은 없어도 취향이 없으면 안 된다. 그러면 자신이 정말 아무것도 없는 것처럼 느껴지기 때문이다.

브랜드는 이런 결핍을 채워주어야 한다. '내돈내산'이라 입버릇처럼 말하는 그들은 자신이 지불한 돈의 가치를 정확히 알고 있다. 내가 가치 있다고 느끼는 곳에, 나다움을 보여줄 수 있는 제품에 돈을 쓴다. 3만 원보다 2만 9900원이 더 잘 팔린다는 고리타분한 가격 공식에 기대지 않고, 우리 물건과 우리의 서비스가 왜 이 가격으로 책정되었는지 정확히 설명할 수 있어야 한다. 애매모호하게 통

치는 가격 대신 설령 '감성값'일지라도 납득할 수 있는 가격표를
제시하고 소비자를 설득해야 한다.

　바야흐로 돈 쓰는 것보다 모으는 것이 쿨해 보이는 시대가 왔다.
용돈기입장을 쓰던 어린이들이 어른이 되어 뱅크샐러드를 쓰고 있
다. 돈 모으는 게 중요한 만큼 소비를 할 때도 신중하다. 매일 마시
는 스타벅스를 줄여 스타벅스 주식을 사고, 내가 좋아하는 브랜드
의 주주가 되어 그들의 행보를 응원한다. 그들의 소비만이 아니라
저축에서도 비즈니스 기회는 존재한다는 것을 명심하자.

돈에 대해 솔직해진 시류에 탑승하자

우리의 제품이 그들의 가계부에 어떤 항목으로 분류될지, 우리의 서비스가 그들의 고정비가 될 수 있을지 생각해보자.

직장인이 공감할 메시지를 팔자

직장인을 타깃으로 한 오피스 굿즈는 어떤가? 직장인의 일상에 작은 농담과 함께 오늘을 버텨낼 용기를 주자. 그들이 공감할 수 있는 메시지를 팔자. 반드시 자조적일 필요는 없다. 현실적인 희망을 이야기하는 브랜드가 되자.

칠링의 씬을 만들자

매일매일 긴장의 끈을 놓지 못하는 직장인들은 긴장을 풀고 편하게 쉬는 시간을 갈망한다. 새로운 트렌드가 될 칠랙스, 칠링의 씬을 연구하자.

Chapter 3.

상상이 현실이 되거나,
현실이 상상이 되거나

———————— 조민정 ————————

2021년 유튜브를 휩쓴 콘텐츠들에는 몇 가지 공통점이 있다.
바로 '하이퍼리얼리즘'이다. 세상에 존재하지 않지만
현실을 끝까지 반영한 콘텐츠들이 환영받고 있다.
동시에 2021년 한 해 동안 언급량이
폭발적으로 증가한 단어를 꼽으라면 단연 '메타버스'다.
가상과 현실이 점점 가까워지고 있다. 2021년의 가상세계는
아이러니하게도 가장 현실과 맞닿아 있고, 현실과 닮을 때 화제가 된다.

우리가 일상에 '판타지'를 받아들이기 시작한 이유

제목에서 '판타지'라는 키워드를 보았을 때 〈반지의 제왕〉이나 〈해리 포터〉를 떠올린 사람이 적지 않았을 것이다. 우리는 《2021 트렌드 노트》에서 1990년 전후로 태어난 레이트 밀레니얼, 특히 남성들의 경우 삶의 양식이 게임의 사고방식을 따라가고 있다고 말한 바 있다.

사고방식이 게임이라면, 생각하고 즐기는 내용은 어떠할까? 사고방식의 변화에 발맞춰(?) 다소 허무맹랑한 세계관도 '그럴 수도 있다'며 인정해주고 받아들인다. 사람들은 이제 너무나 쉽게 판타지를 일상에 들여놓는다. '비현실'이라는 말의 선을 어디로 그어야 할지 애매할 정도로 경계가 희미해졌다. 이 장에서는 사람들이 어떻게 해서 '비현실성'과 '판타지'를 아무렇지도 않게 일상에 들여놓게 되었는지 살펴보고자 한다.

일상에 가장 많이 들어와 있는 판타지 중 하나로 주목받는 콘텐

〈'웹소설' 언급 추이〉

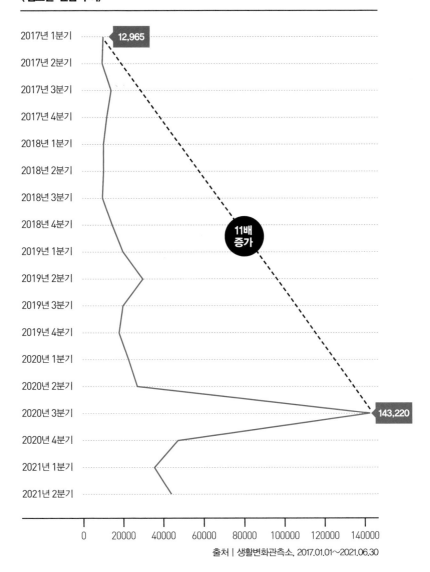

출처 | 생활변화관측소, 2017.01.01~2021.06.30

츠는 웹소설이다. 소설이라는 장르는 인류의 역사와 함께해왔다 해도 과언이 아닐 만큼 오래된 콘텐츠이나, 웹소설은 그 결이 조금 다르다. 도표에서 보듯이 웹소설의 언급 추이를 보면, 2017년 1분기 이후 2020년 3분기까지 약 11배 증가했다. 코로나19 이후 큰 상승폭을 보이는 데이터가 워낙 많지만 그중에서도 웹소설의 상승폭은 눈에 띌 만큼 크다. 웹소설은 코로나 이전에도 상승하고 있었는데, 코로나 이후 그 상승률이 확 높아진 경우다.

웹소설 핵심 소비층의 한 축인 레이트 밀레니얼의 학창시절 대부분은 '인소'라 약칭되는 인터넷 소설의 태동기와 맞물려 있다. 이들은 인터넷에 연재되는 익명 작가의 글을 기기를 통해 읽는 방식에 대해 꾸준히 학습해왔다. 일반 소설과 웹소설이 다른 지점이 여기서 나타난다. 일반적으로 소설이 책이라는 형태 안에서 결말을 향해 달려가는 하나의 완결된 콘텐츠라면, 웹소설은 플랫폼의 특성을 반영해 이야기가 열려 있고, 독자의 참여가 가능하며, 좀 더 가볍게 몰입하기 좋은 콘텐츠다.

현재 카카오페이지, 네이버시리즈, 리디북스, 문피아, 조아라 등으로 대표되는 웹소설 플랫폼들은 대부분 연재작을 매일 업로드하고, 한 편당 100~300원을 받는다. 한 권에 1만 3500원 하는 소설책을 구입하기는 망설여지지만, 매일 100원씩 135편을 소비하는 것은 아무렇지 않은 디지털 소비자들의 특성이 십분 투영돼 있다. 거기다 매일 조금씩 전개되고, 댓글 내용이 다음 편에 곧바로 반영되는 소설 내용은 쉽게 '과몰입'할 수 있는 환경을 조성해준다.

웹소설 중에 현재 가장 주목받는 작품인 〈전지적 독자시점〉의 사례를 통해서도 오늘날 웹소설이 어떻게 화제의 중심에 올랐는지 볼 수 있다. 〈전지적 독자시점〉은 2018년 연재를 시작해 2020년 완결된 작품으로, 1억 뷰 이상을 기록한 히트작이다. 한국의 지하철 퇴근길이라는 지극히 평범한 현실에 게임 장르가 들어온다는 설정부터가 기존 판타지와 결을 달리한다. 예전의 판타지는 이세계(異世界), 전쟁 후 100년, 드래곤이 있는 세계 등을 상정했다면, 〈전지적 독자시점〉 이후로 현대 한국을 배경으로 판타지 요소를 결합한 작품이 다수 등장해 팬덤이 형성되기 시작했다.

접근하기 쉬운 플랫폼과 만만한 가격, 매일매일 정해진 시간에 내 일상에 들어오는 소설의 속도, 현실을 적당히 반영하면서도 환상으로 끌고 가는 판타지성. 각광받는 웹소설의 핵심은 실존하지 않는 세계를 마치 존재하는 것처럼 인식하고 그 세계관에 몰입할 수 있는 생태계를 구축하고 넓혀간다는 데 있다.

현실과 가장 가까운 판타지 : 하이퍼리얼리즘

2021년 유튜브를 휩쓴 콘텐츠들에는 몇 가지 공통점이 있다. 이를테면 '강유미의 좋아서 하는 채널'의 ASMR 콘텐츠, '피식대학', '좋좋소' 등의 공통점 말이다. 유튜브를 즐겨봤다 하는 사람이라면 이미 눈치챘을지도 모른다. 바로 하이퍼리얼리즘이다. 세상에 존재

〈'하이퍼리얼리즘' 언급 추이〉

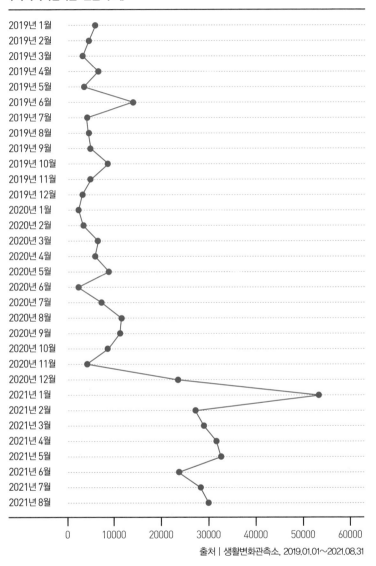

출처 | 생활변화관측소, 2019.01.01~2021.08.31

하지 않지만 현실을 끝까지 반영한 콘텐츠들이 환영받고 있다.

소셜 빅데이터에서 '리얼리티' 언급량은 2019년 이래 큰 폭의 상승과 하락을 반복하면서 전체적으로는 하락세를 보였다. 반면 '하이퍼리얼리즘'은 꾸준히 상승해, 2019년부터 2021년 1분기까지 5.4배 증가했다. 최근 사람들이 즐기는 콘텐츠의 장르는 '현실'이다. 리얼리티는 현실이 아니다. 리얼리티라고 하면 생각나는 〈나 혼자 산다〉가 최근 어떤 평을 받는지 생각해보자. 닿을 수 없는 연예인의 특수 상황을 '리얼'이라 포장하는 행위는 점점 시청자들의 취향에서 멀어지고 있다. 반면 화제가 되고 있는 유튜브의 하이퍼리얼리즘 쇼들을 보면 모두의 일상에 존재하는, 사람들의 삶을 적나라하고 디테일하게 짚어주는 포인트들이 있다. 그것이 공감을 사며 확산되는 것이다.

특정인의 일상을 보여주면 화제가 되지만, 모두의 당연한 일상을 보여주면 회자가 된다. 회자되는 하이퍼리얼리즘의 핵심은 공감에 있다. 그리고 주목받는 하이퍼리얼리즘 콘텐츠에는 몇 가지 공식이 있다.

경험에서 나온 모두가 아는 '유형화'

하이퍼리얼리즘의 관건은 일상을 얼마나 잘 유형화했느냐다. 사람들이 살면서 한 번쯤 겪어봤을 인간상과 환경을 구체적으로 잘 포착하고 분류하는 것이 하이퍼리얼리즘의 출발점이다.

특정 직업이나 환경마다 사람들이 으레 그럴 것이라 생각하는 정형화된 인물 유형이 있다. 가령 홍대입구역 9번출구 통신사 직원들이 공유하는 말투라든가 학창시절 반에 한 명씩은 있는 일진들의 행동과 사고방식 등, 설명하지 않아도 척 떠오르는 캐릭터 이미지라는 게 있다. 그 밖에 '중학교 한문선생님 룩', '고등학교 수학선생님 아이템' 등 일상에서 이미 공유하고 있는 이미지들을 잘 쪼개고 유형화할수록 하이퍼리얼리즘에 가까워진다. 최근 화제가 되었던 '좋좋소'와 '김갑생할머니김' 또한 중소기업에서 흔하게 볼 수 있는 사람들의 유형을 제안하며 화제가 되기 시작했다.

"진짜 소름돋을 만큼 대기업 회장님 사장님 임원진 인터뷰랑 겁나 똑같다 진짜ㅋㅋㅋㅋㅋㅋㅋㅋㅋㅋ

본부장님도 본부장님이지만 저 어색한 듯하면서도 최대한 깨발랄하게 살려보려고 노력하는 사원급 사내직원 리포터

와 편집, 오스트, 글씨체 하나하나까지 진짜 소름돋게 똑같음ㅋㅋㅋ ㅋㅋㅋㅋ"

사소한 포인트까지 공감되는 캐릭터의 '디테일'

'강유미의 좋아서 하는 채널'에서 가장 많이 보이는 댓글은 'PTSD(외상후스트레스증후군)가 올 것 같다'는 글이다. PTSD를 불러일으킬 만큼 불쾌한 상황이 생생하게 느껴진다는 표현이다. 이 채널에서 가장 주목받았던 콘텐츠는 메이크업숍 롤플레이, 일진 롤플레이, 도민걸(도를 아십니까) 롤플레이, 아이돌 영통팬싸 롤플레이

등이 있다.

차고 넘치는 ASMR 세상에서 강유미의 채널이 주목받은 이유는 모두가 겪어봤기에 웃을 수밖에 없는 디테일한 공감 포인트가 있기 때문이다. 보는 사람들도 그것이 다 가짜인 줄 알지만 유형화된 캐릭터를 베낀 듯이 연기하는 것에서 즐거움을 느끼고, 그 디테일에서 차별성을 실감한다.

세계관의 확대 : 미리 자리잡거나, 캐릭터들이 쌓이거나

하이퍼리얼리즘의 가장 중요한 요소는 세계관이다. 이제는 주변에서 쉽게 '○○유니버스'라는 말을 접할 수 있다. 앞서 언급한 강유미 ASMR 채널이나 '피식대학' 역시 자기 채널 고유의 유니버스가 있다.

이러한 유니버스, 세계관은 두 가지 방식으로 사람들의 머릿속에 자리잡는다. 먼저 '좋좋소'나 '한사랑산악회' 등처럼 시트콤, 웹드라마, 페이크 다큐멘터리의 형식을 빌려 미리 세계관을 짜놓는 것이다. 이 방식의 장점은 사람들이 이미 세계관을 받아들일 준비가 돼 있어 현실성 있는 세계관이라면 인정하고 이해해준다는 것이다. 그러나 사소한 디테일이 뒤틀리거나 어색한 몰입, 과도한 기업의 관여로 '가짜'인 것이 티날 경우, 소비자들은 순식간에 콘텐츠에 흥미를 잃어버린다. 마치 TV 리얼리티 프로그램에 대본이 존재한다는 걸 알았을 때 시청자들이 배신감을 느끼는 것처럼 말이다.

또 다른 세계관 구성방식은 캐릭터들의 중첩이다..최근 가장 많이 쓰이는 세계관 구성법이기도 하다. 한 창작자가 꾸준히 콘텐츠를 내보내면, 소비자들이 알아서 캐릭터들 간의 관계성을 설정해 하나의 세계관을 만든다. 강유미 ASMR 채널의 강유미 유니버스와 '한사랑산악회', 'B대면데이트', '05학번이즈백' 등을 연결해 거대한 '피식대학' 오리지널 유니버스를 만드는 것이 그 예다.

예시에서 보듯이 이러한 세계관 구성은 '하이퍼리얼리즘'한 캐릭터들이 모였을 때 가능하다. 캐릭터만 확실하다면 창작자가 세계관을 다소 느슨하게 설정해도 비난받기는커녕 오히려 그 구멍들이 '해석의 여지'로 여겨지고, 소비자들이 적극적으로 상상하고 주장

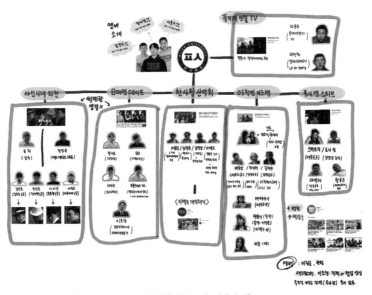

피식대학 유니버스(출처 | 네이버카페 피식대학 학우모임_피대n수생)

하면서 무한하게 확장될 수 있다. 캐릭터가 쌓여야 하므로 시간이 오래 걸리는 대신, 단단한 팬덤을 만들어낼 수 있는 분명한 장점이 있다. 현시점에서 사람들이 더 매력적으로 느끼는 세계관 구성방법은 후자에 가깝다.

판타지와 가장 가까운 현실 : 메타버스

2021년 한 해 동안 언급량이 가장 폭발적으로 증가한 단어를 꼽으라면 단연 '메타버스'라 할 수 있다. '돈이 되는 가상세계'라는 맥락에서 메타버스에 대한 관심은 2022년에도 이어질 것으로 보인다.

폭발적인 관심에 비해 '메타버스'의 정의는 전 세계적으로도 아직 확정되지 않았다. 많은 매체에서 미묘하게 다른 정의를 사용하고 있는데, 옥스퍼드 랭귀지(Oxford Language)의 정의에 따르면 'a virtual-reality space in which users can interact with a computer-generated environment and other users'(사용자가 컴퓨터 생성환경 및 기타 사용자와 상호작용할 수 있는 가상공간)라 한다.

국내에서는 현실세계와 같은 사회, 경제, 문화 활동이 이뤄지는 3차원의 가상세계로 주로 해석된다. 가상, 초월을 뜻하는 'meta'와 우주를 뜻하는 'universe'의 합성어라는 것은 동일하지만, 우리나라에서는 세계관 내에서 경제활동이 가능하다는 점에 좀 더 주목하고 있다. 이미 있던 개념인 VR, AR이 기술에 초점을 맞추어 얼마

⟨'메타버스' 언급 추이⟩

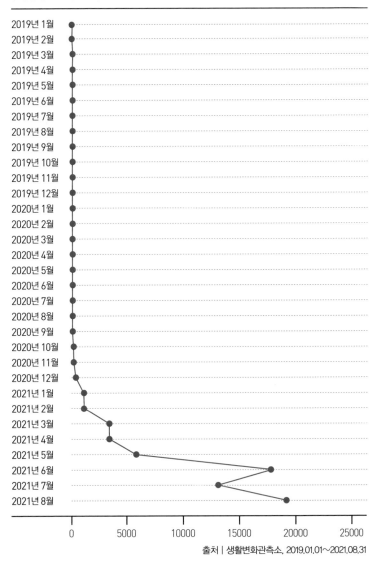

나 발전되고 현실적으로 구현했는지를 따졌다면, 메타버스는 그 기술이 만들어내는 사회적 효용에 더 초점을 맞춘 단어라 할 수 있겠다. 우리가 사는 세계(universe)를 고차원(meta)으로 만드는 시도라고 해야 할까?

사실 메타버스는 이 책을 쓰고 있는 시점에도 의견이 분분한 키워드다. 데이터를 보면 '메타버스'라는 말은 2021년 전까지만 해도 월 100건도 언급되지 않던 단어였는데, 2021년 1월에 갑자기 1000건을 찍더니 4월에는 3000건을 기록했다. 아직은 생활의 변화를 반영하기보다는 다분히 언론주도형, 메타버스 관련 주식이 뜬다는 식의 화두성 키워드에 가깝다. 그렇기 때문에 이 책에서도 '메타버스는 오늘부터 이런 것'이라고 정의하거나 이것 외에는 메타버스가 아니라고 확언하지는 않을 것이다. 그보다는 커다란 흐름 속에서 기술이 어떻게 사람들의 삶에 받아들여졌는가를 중심으로 보면 좋을 것 같다.

구글, 페이스북, 애플 등 글로벌기업들이 하나둘 메타버스에 뛰어듦에 따라 사람들도 차츰 자신의 일상에 메타버스를 어떻게 받아들일지 고민하게 될 것은 분명하다. 메타버스와 리얼버스는 정반대에 있는 개념이지만, 서로 영향을 주고 있음에는 의심할 여지가 없다. 하이퍼리얼리즘이 현실과 가장 가까운 판타지를 꿈꾼다면, 메타버스는 판타지와 가장 가까운 현실을 꿈꾸게 해준다는 점에서 그렇다. 얼마 전까지만 해도 사람들의 상상에나 존재하던 세계관을 분리해 기술적으로 구현하는 것이 메타버스의 핵심요소다.

하이퍼리얼리즘이 현실과
가장 가까운 판타지를 꿈꾼다면,
메타버스는 판타지와
가장 가까운 현실을 꿈꾸게 해준다.

특히 코로나 이후 우리 삶에 디지털 기술이 전방위로 침투되고 심화되면서 메타버스도 한층 가깝게 인식되고 있다. 과거의 메타버스가 여가시간을 즐기기 위한 수단 정도였다면, 앞으로의 메타버스는 나의 경제 활동을 비롯해 실제 활동을 영위하는 공간까지 대체할 수 있을 것으로 전망된다.

2021년 메타버스 연관어로 '가상현실', '증강현실', '공간'은 지고 '플랫폼', '서비스', '아바타', '콘텐츠'가 떴다. 이것의 의미는 무엇일까? 과거의 메타버스적 요소들, 즉 가상현실적인 요소들은 어떠한 공간에 들어가 한번 체험하고 마는 신기한 경험 정도로 인식되었다. 마치 놀이공원이나 복합쇼핑몰에서 할 수 있는 VR 놀이기구를 체험하고 다시 현실로 돌아오는, 신기술을 한번 경험한 것으로 족한 일들이었다. 그러나 현재의 메타버스는 매일 만나는 플랫폼, 서비스로 받아들여지고 있다. 일상에 있기에 이벤트성은 줄고 기술과 콘텐츠의 내용이 중요해진다.

나아가 최근의 메타버스는 그 속에서 하나의 세계를 이루고, 현실에까지 영향을 끼치거나 혹은 새로운 세계관과 현실을 만들어낸다는 점에서 중요하다. 구글, 페이스북을 비롯한 다양한 플랫폼 기업들이 앞다투어 융합현실 플랫폼과 기술에 투자하는 이유이기도 할 것이다. 가상세계가 생긴다는 것은, 또 다른 지구가 태어난다는 말과도 같다. 포화된 지구의 시장 너머 가상세계를 먼저 차지하고자 하는 기업들의 욕망이 메타버스라는 키워드를 통해 발현되고 있다.

실로 숱한 테크기업들이 VR, AR, MR 기술 및 기기 보급에 뛰어들고 있다. 그중에서 가장 앞서 있는 기업을 꼽으라면 역시 애플일 것이다. 애플은 우리가 모르는 사이에 메타버스를 구현할 준비를 차근차근 해나가고 있다. 아이폰은 이미 6S부터 AR칩을 지원하고 있으며, 12프로부터 증강현실을 구현하는 라이다 스캐너가 탑재되었다. 에어팟은 기존의 돌비 서라운드 음향과 달리 내 움직임으로 소리가 나는 위치를 조절하는 공간음향 기능을 제공한다.

이것들이 어찌하여 메타버스를 위한 준비일까? 라이다 스캐너는 주변 동작과 위치 등을 정확하게 인식해 공간을 구현하고, 에어팟은 실제 세계의 소리를 차단하고 '그 공간'의 몰입감 있는 소리 경험을 제공한다. 그리고 페이스아이디! 이것으로 만든 미모티콘을 통해 그 공간에 어울리는 언어적 표현뿐 아니라 비언어적 표현까지 할 수 있다. 점점 개인화되고 있는 AR 기반 가상경험을 지원하는 차세대 생태계를 만드는 것이다. 이것이 애플이 꿈꾸는 메타버스라 할 수 있겠다. 2021년 9월, 애플이 신제품 이벤트를 AR 초대장으로 알린 것도 이와 무관하지 않다.

메타버스가 현 시점에서 가장 주목받는 이유는 차원을 뛰어넘고 세계를 구축하기 때문이다. 차원을 다룬 영화인 〈인터스텔라〉를 보면 딸은 점, 선, 면으로 이루어진 3차원에 살고 아빠는 더 고차원에 산다. 고차원에 사는 아빠는 딸을 볼 수 있지만, 3차원의 딸은 아빠를 보지 못한다. 이때 메타버스가 새로운 차원으로 통하는 문 역할을 한다. 우리가 메타버스로 들어서는 순간, 현실의 3차원은 의미

없어지는 것이다.

　세계의 분절에 대해 좀 더 쉽게 이야기하자면, 구내식당에서 밥을 먹는 직장인들을 떠올려보자. 그들은 한 자리에 있지만 각자 스마트폰과 디지털 기기에만 집중할 뿐, 서로가 무엇을 보고 무슨 생각을 하는지는 알 수 없다. 누군가는 A에 대해 깊이 빠져 있을 수 있고, 누군가는 A에 대해 전혀 모르지만 B에 대해서는 전문가일 수도 있다. 같은 나라에서 같은 직장에 다니더라도 각자의 세계는 자신들만의 것으로 구축된다. 예전에는 같은 시간, 같은 공간에 비슷한 인포그래픽으로 존재하면 관심사도 비슷한 부분이 있을 거라 전제했지만, 지금 이 시대에는 그러한 공통점이 없는 경우가 많아졌다.

　기술적 측면 외에도 주목해야 할 사실은 콘텐츠적 측면이다. 물리적 제약을 벗어나 간접경험을 통해 만족과 즐거움 그리고 유대감을 느끼는 행위는 옛날부터 문화에 녹아 있었다. 다양한 공연, 소설이나 영화 같은 콘텐츠, 게임, 인형놀이 등 사람이 '놀이'를 통해 확장할 수 있는 정서적 경험이 분명 존재한다. 지금의 가상현실은 예전의 기술력으로는 불가능했던 디테일과 정교함을 구현해냄으로써 현실 같다고 느끼고 체험할 수 있는 경험의 영역을 더욱 넓혀준다.

　그러나 기술은 놀이나 체험에 그쳐서는 안 된다. 기술은 현실세계에서 필수적인 역할을 할 때 빛을 발한다. 메타버스의 내용이 무한한 상상력의 새로운 가상세계를 만드는 것이기는 하지만, 그 뿐리는 엄연히 우리의 현실에 있다. 고글 쓰고 지진 체험을 하는 가상현실이 아니라 우리 현실로 쑥 들어올 때, 일상에서 매일 만날 수 있을 때 기술은 의미를 획득한다.

AR, VR 기술이 현실로 들어오지 않았을 때, 사람들은 이 기술을 어디에 활용할 수 있을지 상상했다. 그 한 축은 문화를 확장하는 것이었다. 세계 명소를 비대면 여행하거나 자기 방에서 루브르 박물관을 보게 할 수 있지 않을까 하는 그런 상상이었다. 하지만 그것은 일회성 체험에 그치고 말았다.

그러다 코로나로 인해 화상회의가 일상으로 들어오면서 가상 배경화면이 바로 도입되었다. 증강현실에 비하면 가상배경은 훨씬 더 쉽지만 덜 개발된 기술이다. 기술이 완벽하지 않더라도 사람들은 일상에 필요하니 바로 시도해보았고, 그 덕분에 기술은 더 발전할 이유를 갖게 되었다.

그러므로 지금의 치열한 메타버스 기술경쟁은 단지 기술을 뽐내는 장으로 끝나면 안 된다. 기술 기반의 서비스가 사람들의 삶과 사고방식을 설계하는 만큼, 인간적으로 다가갈 수 있도록 커뮤니케이션을 고민해야 한다. 기계가 완벽해질수록 역설적으로 인간의 불완전성은 더욱 가치 있어진다. 똑같은 기술을 선택하더라도 인간적 면모가 소비자들에게 어필하는 시대가 올 것이다. 로봇청소기에 이름을 붙이고, 고장나더라도 새로 사는 게 아니라 '정이 들어서' 굳이 고쳐 쓰는 사람들의 모습에서도 확인할 수 있다.

기술은 자랑하는 것이 아니라 소비자의 삶에 침투해야 하는 것이

기술은 놀이나 체험에 그쳐서는 안 된다.
현실세계에서 필수적인 역할을 할 때
기술이 빛을 발한다.

다. 기술이 무엇으로 불릴지, 사람들이 기술을 어떻게 인간적으로 받아들일지가 앞으로 메타버스가 해결해야 할 과제다. 기술을 이야기하는 기업일수록 기술이 아니라 감성적인 부분으로 인간에게 다가가 선택받는 전략을 고민해야 한다.

모든 현실과 모든 판타지에 세계관이 요구된다

데이터로 확인해도 '가상'은 현실세계와 가까워지고 있다. 2017년부터 '가상○○'의 변화를 보면 '가상현실게임', '가상체험', '가상설정'과 같은 일회성 놀이 키워드는 줄어들고 '가상사회', '화상미팅용 가상배경', '가상인플루언서', '가상화폐' 등 현실과 맞닿아 있는 키워드들이 상승하고 있다. 2018년 비트코인을 필두로 가상화폐 붐이 일었지만, 그럼에도 가상은 현실을 '대체'하지 않았다. 2021년의 가상세계는 아이러니하게도 가장 현실과 맞닿아 있고, 현실과 닮을 때 화제가 된다. 가상이 '실재'할 수 있다는 사실을 받아들이며 다양한 분야의 '가상'이 늘어나고 있다.

그런 면에서 2021년 주목받은 것이 또 있다. 바로 AI모델이다. 국내에도 가상 인플루언서 개념의 로지, 김래아, 캐릭터성을 강조한 아뽀키 등 다양한 AI모델이 등장해 인플루언서로 자리잡았다. AI모델에 대해 다양한 의견이 있고, 이렇다 저렇다 함부로 규정할 수 없는 단계이기는 하지만, 한 가지 강조하고 싶은 것이 있다. AI모델에

〈'가상' 연관어 변화〉

증감률 상위 키워드			증감률 하위 키워드		
순위	키워드	증감률	순위	키워드	증감률
1	가상사회	307.65%	1	가상현실게임	-19.64%
2	가상배경	239.43%	2	가상현실체험	-16.53%
3	가상경험	225.16%	3	가상이미지	-13.77%
4	가상자산	113.43%	4	가상메이크업	-13.28%
5	가상인간	110.55%	5	가상체험	-10.99%
6	가상화면	97.93%	6	가상현실	-9.16%
7	가상인플루언서	94.22%	7	가상캐릭터	-4.42%
8	가상오피스	91.79%	8	가상세상	-0.62%
9	가상쇼핑	81.43%	9	가상공간	1.02%
10	가상투어	77.27%	10	가상국가	1.15%
11	가상화폐	37.85%	11	가상리그	2.05%
12	가상아이돌	31.48%	12	가상연애	7.02%
13	가상콘텐츠	28.81%	13	가상설정	7.49%
14	가상수업	26.40%	14	가상상황	8.77%
15	가상환경	23.67%	15	가상악기	9.08%

출처 | 생활변화관측소, 2017.01.01~2021.08.31

게도 세계관은 중요하다는 사실이다.

멤버 개개인의 캐릭터성이 중요한 아이돌 그룹에 몇 년 전부터 세계관이 또 하나의 기본 사양이 되었다. 물론 그 전에도 각 그룹마다 내세우는 '컨셉'은 있었지만, 그것이 음악과 안무, 뮤직비디오와 공연까지 관통하는 정도는 아니었다. 2012년 엑소가 시동을 건 아이돌 그룹의 세계관 설정은 방탄소년단에서 정점을 찍어 K-팝의 특성으로 각인되었으며, 4세대 아이돌에게는 이제 필수적인 존재가 되었다. 처음에는 낯설어하고 우스워하던 아이돌 팬덤도 이제는 '과몰입'과 '해석'에 열중하며 자발적으로 각종 밈과 콘텐츠를 재생산해내고 있다.

AI모델도 예외가 아니다. AI모델에 쉽게 몰입하기 위해서는 디테일한 캐릭터 설정과 세계관 구성이 핵심이다. 로지는 좋아하는 스타일이나 성격 외에 MBTI를 제공하기도 하고, 아뽀키의 경우 K-팝이 좋아 우주에서 지구로 온 토끼라는 세계관을 설정해 사람들이 이질감 없이 AI모델에 몰입하도록 했다. 탄생 배경, 즉 존재 이유를 설명하고 이 모델을 통해 무엇을 보여주고 싶은지 뚜렷한 목적과 메시지를 지정해주어야 사람들이 빠르게 몰입할 수 있다. 기술만 자랑하는 AI모델은 인격이 없는 '기가지니'와 다를 바 없다. 인격과 성격을 만들고, 환경을 만드는 세계관 구성이 필수적이다.

2020년 데뷔한 걸그룹 에스파의 세계관은 기존에 존재하던 아이돌 세계관과 AI모델에게 요구되는 세계관의 오묘한 결합이라고도 할 수 있다. 에스파의 세계관은 현실세계에 사는 아티스트 멤버와 가상세계에 존재하는 아바타 멤버가 현실과 가상의 중간세계인 디지털 공간에서 소통하고 교감하며 성장해가는 이야기라고 하는데, 이는 앞에서 이야기한 현실과 디지털 세계의 결합, 메타버스와 AI모델이 가져야 할 세계관의 방향성을 모두 포함하는 개념이라고도 할 수 있다.

기업이 AI모델을 사용하는 중요한 이유로 광고 및 마케팅 비용의
절감도 있겠지만 사람 모델을 기용했을 때 따르는 문제들, 예를 들
어 나이를 먹거나 구설수에 오르는 등의 리스크를 줄이려는 목적
도 무시할 수 없다. 그러나 기술을 오남용해 인공지능이 비도덕적
인 인격체로 완성되거나, 만드는 과정에서 문제가 될 만한 일이 일
어났다고 하면(이루다, 딥페이크의 사례), AI가 아닌 AI를 둘러싼 사람
들의 문제가 될 수 있다. 사람을 기용하는 데 따르는 도덕적 리스크
를 피하는 데에만 집중하느라 다른 책임들을 간과해서는 안 된다.
AI모델이 메타버스의 중요한 구성요소인 만큼, AI모델 설계에도 시
대 감수성이 반영되어야 한다.

　　디지털 기술의 발전으로 먼 꿈이라고만 생각했던 가상현실, AI 등
과 진짜 '나'의 현실에 접점이 생기기 시작했다. 디지털 세계의 몰
입 정도가 소비를 결정하는 시대다. 그 몰입을 좌우하는 것은 기술
이 아닌 콘텐츠의 세계관임을 잊지 말자. 가상현실 기술이 현실에
받아들여질 준비가 되었다면, 이제 일상으로 녹아드는 콘텐츠를 준
비할 차례다. 인터넷과 스마트폰이 어마어마한 콘텐츠를 기반으로
빠르게 우리의 일상에 자리잡은 것처럼, 각종 가상현실 기술이 일
상에 자리잡기 위해서는 각자의 세계관이, 그것을 반영한 콘텐츠가
필요하다.

우리를 통합할 수 있는 세계관을 갖고 운용할 수 있는가?

세계관은 이제 브랜드에서 빼놓을 수 없는 존재가 되었다. 단순히 한 제품의 일시적 이벤트로서 웃긴 세계관과 캐릭터를 제안하는 것이 아니라, 우리 브랜드 전체를 통합할 수 있는 거대한 세계관을 구축하고 인간적으로 다가가며 적극적으로 어필한 준비가 되어 있는지 확인해보자.

어디까지 디테일하게, 어디까지 현실적으로 접근할 수 있는가?

세계관은 선언만으로 이루어지지 않는다. 세계관은 커다라면서도 디테일해야 마음에 와닿는다. 캐릭터, 상황 등 현실과 맞닿아 있어 너무 허무맹랑하지 않으면서 적당한 환상을 줄 수 있는 세계관을 어디서부터 어떻게 구축할지 고민이 필요하다.

PART 2.
자기인식의 변화

Chapter 4.

별것 아닌
삶 속 연대감

최재연

흔히 한국의 젊은 세대는 희망이 없는 시대를 맞이했다고 말하기도 한다.
하지만 절망의 세대라 불리던 이들은 코로나라는 혼란의 시기에
오히려 일상을 충실히 살아가고 있다. 세상은 여전히 나아진 게 없는 것처럼 보이지만,
성취와 실패, 아쉬움 속에서도 삶을 그 자체로 받아들이고 있다.
나아가 평범한 일상에서 아주 작은 특별함을 발견하고 힘을 얻기도 한다.
내일도 여느 때와 같은 일상이 기다리고 있고
쉽게 무너지지 않을 것을 알기 때문이다.

적응의 동물

지루한 일상이 계속되고 있다. '일상'이라는 단어가 본디 날마다 반복되는 생활을 의미하는 것이기는 하지만, 살아가는 입장에서 새로울 것 없는 날만 계속된다면 재미없을 수밖에 없다. 무엇이라도 해야겠다고 결심하는 사람들이 생기는 것은 자연스러운 일이다.

《2021 트렌드 노트》에서 이야기한 바 있는, 흘려보내는 시간이 아니라 채우는 시간을 가짐으로써 삶이 변하는 과정을 콘텐츠화하는 모습은 여전히 유효하다. '갓생'을 살겠다는 Z세대도 이 흐름에 동참하고 있으며, 촘촘하게 의미를 담아내는 시간이 어쩌면 새롭게 반복되는 일상으로 자리매김하는 중인지도 모르겠다.

끝이 보이지 않는 코로나 상황 속에 많은 이들이 인간의 하찮음과 무력함을 느끼는 것은 사실이지만, 어찌할 수 없을 때 오히려 인정도 빨라진다. 겪어보니 평범한 일상은 생각보다 중요했던 것이다. 전 세계적 혼란 속에서도 내 일상은 굴러가야 한다. 세상이 넓

다지만 내가 마주할 수 있는 경험은 당분간 일상으로 한정될 수밖에 없다. 이러한 상황에서 우리가 새삼 깨달은 것은 '인간은 적응의 동물'이라는 사실이다. 마스크는 물론 업무와 학습 등 꼭 필요한 영역에서 변화된 방식은 어느덧 생활 깊은 곳으로 들어왔다.

〈'○○일상' 언급 순위〉

	2018년		2019년		2020년		2021년(~8월)
1	소소한 일상	1	소소한 일상	1	소소한 일상	1	오늘 일상
2	오늘 일상	2	오늘 일상	2	평범한 일상	2	소소한 일상
3	주말 일상	3	주말 일상	3	주말 일상	3	평범한 일상
4	평범한 일상	4	바쁜 일상	4	오늘 일상	4	주말 일상
5	바쁜 일상	5	평범한 일상	5	하루일상	5	대학생 일상
6	하루 일상	6	육아 일상	6	대학생 일상	6	육아 일상
7	육아 일상	7	하루 일상	7	바쁜 일상	7	하루일상
8	자신 일상	8	대학생 일상	8	모든 일상	8	바쁜 일상
9	일 일상	9	자신 일상	9	육아 일상	9	모든 일상
10	도쿄 일상	10	도쿄 일상	10	코로나 일상	10	일 일상
11	대학생 일상	11	모든 일상	11	자신 일상	11	자신 일상
12	모든 일상	12	행복한 일상	12	예전 일상	12	똑같은 일상
13	일본 일상	13	다음 일상	13	집콕 일상	13	행복한 일상
14	다음 일상	14	신혼 일상	14	행복한 일상	14	다음 일상
15	사람들 일상	15	사람들 일상	15	사람들 일상	15	예전 일상

출처 | 생활변화관측소, 블로그, 2018.01.01~2021.08.31

"코로나 처음 시작됐을 때 여름까지 마스크를 써야 한다면 세상을 하직하고 말겠다는 마음이었는데 인간은 참 적응의 동물이지…"

"첨에는 재택 불편해서 못해먹겠다가 이젠 너무 적응돼서 출퇴근 왜 해야 하나 싶을 지경까지 이르렀다… 재택 존좋ㅜㅜㅜ"

평범한 일상의 소중함을 이야기하기 시작하던 2020년을 지나, 낯설게 여겨졌던 마스크 착용과 재택근무가 익숙해진 코로나 2년 차를 보내고 있다. 이전으로 돌아갈 생각보다 이미 변화한 일상에 적응하는 것이 주요한 이슈가 되었다. 소셜 상에서도 평소와 다른 '바쁜 일상'을 보여주는 대신에, 여느 때와 다름없는 '평범한 일상'을 더 들여다보고 더 많이 언급하는 모습이 나타났다. 사람들은 패닉에 빠지기보다는 일상 회복을 위해 다음 단계로 움직이고, 여느 때와 같이 열심히 살아간다.

'대학생 일상'이 '육아 일상'을 역전한 것에서 보이듯, 가장 큰 변화는 젊은 세대에서 나타났다. 해야 할 일이 있는 현실의 생을 뜻하는 '현생'을 대하는 태도가 바뀐 것이다. 과거 현생은 주로 '치이다'라는 동사와 함께 사용되었으며, 심지어 '혐생'(혐오스러운 인생)으로 불렸다. 하지만 최근 3년 8개월간 이렇게 말하는 사람들이 줄고 있다. 코로나로 급작스럽게 상황이 바뀌어버린 2020년에는 '현생+치이다'의 언급량이 약간 증가하는 듯 보였으나, 2021년에는 감소 추세로 돌아서더니 지속적으로 증가하고 있던 '현생+열심히'에 역전되었다.

"현생 열심히 사는 중 갓생은 아니지만 노력하는 중"

"덕질을 현생에 갈아 넣지 말고 녹이셔야 해요 ㅜㅜㅜㅜ 덕질도 물론 중요하지만 덕질 때문에 현생에 문제가 생긴다면… 물론 둘 다 열심히 뛴다면 정말 대단하지만 보통은 힘드니까ㅜㅜㅜ"

"뭔가 그래서 현생은 중요하다는 걸 새삼 깨달음… 현생이 있어야 덕질도 순탄하게 할 수 있는 것 같아ㅜㅜ"

행복한 순간을 느낄 수 있는 이유는 평범한 일상이 있기 때문임을 일찍 깨달은 젊은 세대가 등장했다. 현생의 도피처였던 덕질은 현생을 더 열심히 살게 해주는 원동력이 되었고, 심지어 덕생(덕질 인생)은 현생이 있기에 가능한 것으로 인식되고 있다. 주어진 현생을 혐오하기보다 현생에서 내가 할 수 있는 일을 열심히 해보려는 이러한 태도의 변화는 단순히 어쩔 수 없음에서 오는 체념이 아니다. 현생을 받아들이는 이 덤덤함은 혼란의 소용돌이를 온몸으로 겪으며 삶에 대한 관점을 스스로 만들어가는 과정에서 형성된 태도다.

'발전주의적 신자유주의'로 설명되는 1990년대 이후 한국사회는 성장 우선주의와 국가주도 경제발전의 흔적이 결합된 모습을 특징으로 한다.[1] 발전주의적 바탕에서 경제성장을 눈으로 확인할 수 있던 때에는 국가와 조직의 성장을 개인의 성장과 동일시하면

---

1) 윤상우, "포스트 발전국가로의 전환 : 한국 · 일본 · 대만의 경험", 아시아리뷰 9.2(2020):159-189.

서 보상받는 기분을 느낄 수 있었다.

하지만 사회가 고도화될수록 경제성장은 더뎌지고 취업시장과 노동환경은 열악해졌다. '결혼해서 함께 열심히 일해 모은 돈으로 차도 사고 집도 샀다'는 부모님 세대의 경험은 상상조차 어려운 허황된 꿈이 되었다. 극심한 경제적 양극화와 공정하지 못한 기회, 불평등한 부의 분배에 분노하지만 개인과 국가, 사회 모두가 뚜렷한 돌파구를 찾지 못하고 있는 실정이다. 개인의 노력만으로는 한계가 있는 세상에서, 평범하게 사는 것이 가장 어렵다는 사실을 젊은 세대가 일찌감치 깨닫게 된 것이다.

그사이 다양한 가치관을 가진 인간 군상의 출현은 프리랜서, 유튜버, 가상세계 등 기존의 틀에서 벗어난 형태의 직업과 산업의 변화를 이끌었다. 여기에 코로나19라는 강력한 변수는 변화의 속도를 높였다. 실제로 불과 몇 년 사이에 'N포세대'는 '소확행'을 추구하는 양상을 보였다가, 이후 가장 확실한 지금을 위해 플렉스하는 '욜로족'으로, '파이어족'과 작은 성취로 채운 일상을 살아가는 '갓생러' 등으로 변화하고 분화하였다.

다양한 모습의 서로를 보니, 몇 가지를 포기한다고 해서 하나라도 확실하게 얻어지는 게 있는 것은 아니었고, 티끌은 모아봐야 티끌이었고, 대책 없는 욜로의 가치관은 삶을 더 위태롭게 만들 뿐이었다. 심지어 남들에겐 꿈의 직장이라 불리는 대기업 직장인들도 과도한 업무량과 직장 스트레스가 한계를 넘는다는 말이 들린다. 이러한 사회적 문제들을 피부로 느끼면서, 그간 아무렇지 않게 생각했던 일상이 열심히 살아내야만 지킬 수 있는 것임을 알게 되었다.

그에 따라 많은 이들이 절대적 크기는 작더라도 스스로의 성취에 주목하기 시작했다. 당연히 따라오는 결과가 아니라 내가 노력을 들이고 기여해 얻어냈다는 점이 포인트다. 특히 코로나 이후 상황에 대한 적응을 집단적 순응이 아니라 각자의 고군분투 속에 이뤄낸 결과물로 인식하고 있다는 점에 주목하자. 어느 것 하나 쉽지 않은 사회에서 현생과 일상을 지탱하고 있는 사람들에게는 원동력이 될 성취감과, 느슨하게나마 서로를 지탱해줄 연대감이 필요한 시점이다.

> "하루하루 내 할 일을 해내면서 삶을 버틴다는 게 쉽지 않다. 목숨을 지키기도 어려운 세상에 출퇴근하고 일하고 운동하고 일상을 살아간다는 건 정말 대단한 것 같다. 그 일을 내가 하고 있다. 난 대단하다."
> "제가 표현은 잘 못했지만 여러가지로 진심으로 응원하고 있는 익명님. 익명님께서는 어딘가에서 일상을 단단하게 잘 버티시는 성숙함과 쿨한 면모가 자주 느껴져서 늘 든든한 지지를 보내드리고 싶어요."
> "지극히도 평범한 일상, 아주 작은 자기만의 사건들로 하루를 보내는 모습들이 사랑스럽게 느껴진다. 이상하게 난 거기서 힘을 얻는다. 별것도 아닌 일을 별것처럼 느끼는 사람도 있어요."

흔히 오늘날 한국의 젊은 세대는 희망이 없는 시대를 맞이했다며 동정을 받기도 한다. 하지만 절망의 세대라 불리던 이 사람들은 코로나라는 혼란의 시기에 오히려 일상을 충실히 살아가고 있다. 세상은 여전히 나아진 게 없지만 성취와 실패, 아쉬움 속에서도 자신이 할 수 있는 노력을 행하고, 삶 그 자체를 나름대로 의미 있게 받아들이고 있다. 나아가 평범한 일상에서 아주 작은 특별함을 발견하고 힘을 얻기도 한다. 내일도 여느 때와 같은 일상이 기다리고 있고 쉽게 무너지지 않을 것을 알기 때문이다.

젊은 세대의 문화에 큰 영향을 미치고 있는 방탄소년단의 멤버 RM은 어느 인터뷰에서 이렇게 말했다.

"저도 한국 사람이라 이런 성취가 주는 기쁨에 익숙해져 있다 보니까(웃음) 뿌듯하고 좋았고. 그래미를 받았으면 더 좋았겠지만, 안 받으면 또 어때요. 막상 받는다고 해도 집에 트로피가 하나 더 생기고, 그다음에는 일상이 반복되는 거니까요."[2]

나를 보듬는 비움의 시간, 새김의 시간

일상을 충실하게 살아내는 과정에는 지치기 쉬운, 혹은 지쳤을지 모르는 자신을 돌보는 일도 포함된다. 열심히 사는 삶, 그 틈에서 나만을 위한 시간을 보내려는 모습이 관찰되었다. 복잡한 생각을 없애고 내면의 평온함을 만들어줄 취미가 최근 관심받고 있다.

---

2) 위버스매거진, "방탄소년단 앨범 'Butter' 발표 인터뷰," 2021-07-30

타닥거리는 불 앞에서 솔직한 마음을 마주하는 것 같은 경험을 해본 적이 있을 것이다. 그 감성을 살린 '불멍'이 있는 캠핑은 이제 핫한 여가로 자리잡았다. 불멍은 감성을 건드리되 자극적이지 않아 마음이 안정되고, 하염없이 바라보며 잡생각을 지울 수 있다. 사람들에게 이런 시간이 필요한 것이다. 그래서일까, 불멍의 뒤를 잇는 다양한 'ㅇ멍'이 생겨나고 있다. 2014년에 '불멍'이 등장한 이후 2021년에는 59개의 'ㅇ멍'이 나타났다.

불멍은 집에서도 누릴 수 있다. 이벤트가 아니라 평범한 일상도 자신이 필요로 하고 좋아하는 것들로 채우는 시대다. 모닥불이나 벽난로로 느끼는 불멍을 캔들 하나로 내 방 한 켠에서도 즐길 수 있고, 호수나 강, 바다를 바라보았던 물멍은 조그마한 어항과 그 속의 반려 물고기 그리고 산소발생기의 기포를 통해 누릴 수 있다. 영상 콘텐츠를 자유자재로 활용할 수 있는 시대라는 것도 잊지 말아야 한다. 영상 작품을 감상하는 플랫폼으로만 여겨졌던 넷플릭스가 불멍 콘텐츠로 SNS상에 입소문이 났다. 따뜻한 분위기를 만드는 일종의 디지털 액자인 셈인데, 사람들의 적극적인 활용 덕분에 새로운 의미가 담긴 콘텐츠가 된 것이다. 제품과 서비스, 콘텐츠의 의미를 가장 잘 창출해내는 사람은 그것들로 직접 자신의 일상을 채우는 소비자다.

"캔들워머 선물받은 거 드디어 개시!! 여기 앞에 앉아서 불멍 때리고 있는데 평화롭고 좋다…"

〈'○멍' 연관어〉

출처 | 생활변화관측소, 트위터+블로그+커뮤니티, 2018.01.01~2021.08.31

"티비로 유튜브 틀어놓고 불멍 중임 머리도 아프고 이유 모를 스트레스 가득 쌓였음 겨울에 캠핑이나 함 다녀오고 기분 풀고 싶다."

"트위터발 가상벽난로. 나도 따리와 아침 불멍. 이거 넷플릭스 벽난로 4K 타닥타닥 소리가 좋으네요. 트위터 선생님들 역시 가상 운치를 아시는 분들."

멍 때리기와 비슷한 메커니즘으로 힐링의 시간을 가질 수 있어 관심받는 또 다른 취미는 명상이다. 명상을 통한 생각의 비움과 멈춤은 늘어지는 일상을 한 번씩 정리해주어 지루한 코로나 시대의 일상 루틴으로 특히 각광받고 있다.

취미로서 멍 때리기와 명상은 진정한 의미의 'day off'(쉬는 날) 순간을 만들어준다. 출근이 있으면 퇴근도 있어야 하는 법. 우리에게는 현생에서 자신을 따라다니는 수많은 정신적, 육체적 노동을 완전히 멈추고 오롯이 '나'로서만 존재하는 시간이 필요하다.

기억해야 할 것은 자극 없는 것에만 초점을 둔 콘텐츠가 아니라, 혼자서는 컨트롤하기 어려운 '생각의 간섭'을 차단해주는 콘텐츠여야 한다는 점이다. 콘텐츠를 찾는다는 것은 혼자 힘만으로는 시간을 활용하기가 어렵다는 의미이며, 방법을 배우고 싶다는 뜻이다. 생각을 비우는 시간이 반드시 길어야 할 필요는 없다. 사실 긴 시간 동안 아무 생각을 하지 않는다는 것은 불가능하다. 현생에서 오랜 시간 떨어져 있으려면 장기 휴가가 필요하지, 일상에서의 관리가 필요한 것이 아니다. 잠깐씩 비우는 순간을 경험할 수 있는 콘텐츠라면, 사람들은 기꺼이 일상 루틴으로 들여온다.

명상 입문을 고민하고 있다면 넷플릭스나 유튜브 등 평소 사용하던 채널을 통해 명상법도 배우고 함께 명상하는 것 같은 체험을 해볼 수 있다. 명상 어플 '헤드스페이스'와 협업하여 만든 넷플릭스 시리즈는 명상 어플 없이도 명상할 수 있도록 안내한다. 시리즈 중 가장 최근작인 〈헤드스페이스 : 마음을 챙길 시간〉은 인터랙티브 콘텐츠여서 단순한 시청에 그치지 않고 준비된 질문에 따라 자신의 상태를 체크해 딱 필요한 콘텐츠를 이용할 수 있다는 장점이 있다.

머릿속을 떠다니는 수많은 생각을 잠시 제쳐두게 하는 또 다른 취미는 필사다. 만년필 마니아들이나 문학을 사랑하는 사람들만의 취미로 인식되던 필사가 코로나 이후 집에서 사부작거리며 시간을 보낼 수 있는 취미로 떠올랐다. 단순하게는 글씨를 또박또박 쓰는 행위 덕분에 그 순간에 집중하는 효과가 있다. 더불어 마음과 생각을 정돈하고 일상에 깊이를 더해주는 필사의 주요 요소는 바로 '글'이다. 필사를 하려면 따라 쓸 글이 있어야 한다. 문학작품, 노래 가사, 신문 기사 등 내용을 담고 있는 콘텐츠가 필요한 것이다.

나아가 필사에는 글을 찾아내는 과정뿐 아니라 필사를 하며 음미하는 과정이 수반된다. 앞서 언급한 '○명'과 명상이 아무 생각 없이 있는 것을 주된 목표로 삼는다면, 필사는 어지러운 마음 대신 나에게 도움이 되는 메시지를 가슴속에 새겨 넣는 행위다. 때문에 혹자는 필사를 '세상에서 가장 느린 독서'라 부르기도 한다.

〈'필사' 언급 추이〉

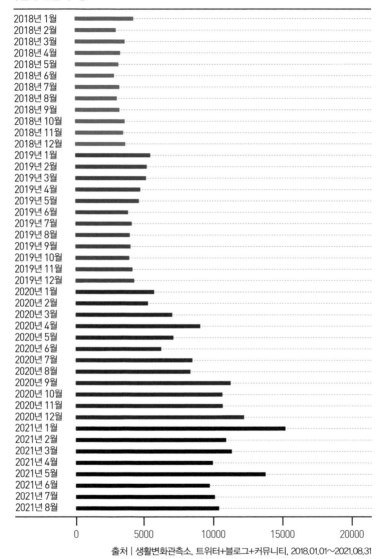

출처 | 생활변화관측소, 트위터+블로그+커뮤니티, 2018.01.01~2021.08.31

자기인식의 변화

생각보다 중요한 일상이기에,
반복되는 일상을 긍정하고
자신만의 속도로 살아간다.

"너무 좋은 글을 읽으면… 필사하고 싶다는 생각이 들어요. 필사하면서 천천히 곱씹어 읽으면 더 좋다는 걸 이미 아니까요."

채움의 시간을 만드는 콘텐츠의 본질은 콘텐츠 자체에 있는 것이 아니라 콘텐츠 소비자가 의미를 곱씹으며 기꺼이 들이는 '과정'에 있다. 필사는 일반적인 책 읽기의 가치에 필사하는 사람이 만드는 의미가 덧대어진다. 한 글자씩 옮기는 행위를 통해 한 가지에 집중하는 정신, 그 느린 행위가 만들어내는 고요함, 자신의 마음 깊숙한 곳에 의미를 전달하려는 노력. 이러한 것들을 총체적으로 경험하면서 시선은 자기 자신에게 맞춰지고, 삶을 살아가는 자신만의 속도가 만들어진다.

빠르게 돌아가는 세상에서 잠시 멈추는 순간과 느리지만 깊은 의미 발견의 시간을 갖는 것은 세류에 무작정 휩쓸리지 않고 그 흐름과 속도를 돌아보겠다는 의지에서 나온다. 이런 라이프스타일을 가진 사람들은 열심히 살아가는 틈에도 스스로를 보듬을 줄 알며, 살아가는 속도를 주체적으로 설정함으로써 자신만의 세계를 구축한다. 기존의 힐링이 여행 등 일상에서 벗어나 나를 찾는 의식이었다면, '코시국'의 힐링은 일상 속에서 삶의 낙 찾기에 가깝다. 계속되는 똑같은 일상, 우리의 서비스가 그사이에 틈을 만들어주는 콘텐츠가 되는 것은 어떨까?

의미의 프리즘이 되는 일상 기록

소위 '요즘 사람들'이라 불리는 이들은 모두 어떤 의미에서 작가다. 삶의 방향과 속도를 비롯해 자신만의 세계를 능동적으로 구축하고, 그 세계의 주인공이 되어 살며, 그 이야기를 다른 사람들에게 보여주고 싶어 한다.

유명 유튜버나 인플루언서들의 전유물처럼 여겨졌던 '브이로그'가 이제는 보통의 사람들도 거부감 없이 시도해보는 하나의 장르가 되었다. 특히 생활수준이 올라가고 일상의 경험을 중요하게 생각하는 사람들이 많아지면서, 좋아하는 라이프스타일을 실현하는 모습이 브이로그에서 많이 관찰되었다. 보는 사람도 예쁘다고 생각하는데, 로망을 실현하며 사는 주인공은 얼마나 뿌듯하겠는가? 실제로 브이로그는 평범한 사람들의 다양한 라이프스타일을 보여주어 인기를 끌었던 동시에, '나 이렇게 예쁘게 살고 있어요'라는 자랑 심리를 담아내 구독자 및 시청자들의 부러움을 샀다. 라이프스타일에서만큼은 연예인보다, 상대적으로 실현 가능성 있는 브이로그 유튜버들이 '나만의 인플루언서'로 여겨진다.

"오늑 집 리모델링 브이로그 보면서는 이런 집에 살고 싶다기보다는
이런 안목과 취향을 가지고 싶다는 생각을 했어"

하지만 시간이 흐르면서 선망하는 라이프스타일이 하나둘 유형

화되었고 브이로그도 일상에서 멀어지기 시작했다. 일상 브이로그라는 이름으로 하는 집 자랑은 박탈감을 주고, 리얼 라이프에서 멀어진 연출과 정형화된 스타일에 현기증을 느끼는 사람들도 나타나기 시작했다.

"한국인 일상 브이로그 댓글에 외국인이 '그녀는 핀터레스트 안에서 살고있다' 이럼ㅋㅋㅋㅋㅋㅋㅋㅋ"
"와… 대학생 브이로그는 잘 사는 애들만 하는 건가…. 대학생인데 까르띠에 팔찌 무엇… 에르메스 슬리퍼 턱턱 사는 거 무엇…"

콘텐츠가 되는 과정에 편집은 필수불가결한 요소다. 기록의 특성상 기록자의 개입이 들어갈 수밖에 없고, 부끄러운 것은 적절히 숨겨야 공유 가능하다. 게다가 앞에 카메라가 있다고 생각해보자. 정말로 평소와 똑같은 생활이 나올 수 있을까? 기록물에 반영되는 이러한 연출적 요소와 편집은 언제나 논란이 되어왔다.

방송인 강유미는 자신의 유튜브 채널에서 '인스타갬성브이로그'를 재현해 많은 이들의 공감을 샀다. 다음은 해당 영상에 달린 댓글 중 하나다.

[GAMSUNG VLOG 시무 10조]

1. 위아래 세트 파자마를 입었나요?
2. 깔끔한 화이트톤의 침대에서 일어났나요?

3. 누가 봐도 세팅된 듯한 각도로 촬영하나요?

4. 일어나자마자 커튼을 열어제끼나요?

5. 뚜껑이 없는 주전자를 군이 꺼내서 컵에 물을 따라 마시나요?

6. 뚜두둑 소리가 나지 않는 기지개를 켜나요?

7. 아침 댓바람부터 요리를 하나요? (배달 안 됨, 냉동식품 안 됨, 어제 먹다 남은 음식 안 됨, 그렇다고 배 안 고프다고 한 끼 제끼는 것도 안 됨)

8. 모닝 커피를 빨대로 마시나요? (맥심 안 됨, 무조건 직접 내린 에스프레소에 물 탄 아메리카노)

9. 깔끔한 식탁(좌식 안 됨)에 앉아 맥북으로 영상 편집을 하나요?

10. 만든 음식을 예쁜 접시에 담아 흘리지 않고(중요) 먹나요?

이른바 '브이로그 국룰'이라 할 만하다. 현실과 동떨어진 예쁘고 특별한 모습만을 담으려고 하는 브이로그는 공감과 지지를 얻지 못한다는 것이 강유미의 콘텐츠와 댓글들을 통해 수면 위로 드러난 것이다. 그렇지만 회의적 반응에도 불구하고 브이로그는 특유의 감성을 매력적으로 보여주고 반복되는 형식에 조금씩 다른 매일을 담을 수 있다는 점에서 여전히 유효한 콘텐츠로 살아남았다.

물론 변화도 있다. 브이로그의 진입장벽이 낮아졌다는 것이다. 브이로그가 많은 사람들에게 익숙해지고 대중화되면서 새로운 도전자들이 유입되었다. 이제 브이로그의 목적은 대단한 기록물을 만들어 이목을 끌고자 하는 것이 아니라 '남들도 다 하는 브이로그, 나도 한번 남겨보자'는 시도다. 실제로 브이로그를 '찍고 싶다'고

이야기하는 경우가 많아졌다.

변화한 브이로그는 예쁘지 않아도 평범한 일상에서 자신에게 의미 있는 순간들을 기록해놓고자 하는 아카이빙의 성격이 짙다. 마음에 드는 액자에 사진을 걸어놓듯 보통의 삶도 브이로그라는 프

〈'브이로그' 연관 행위어〉

	2018년		2019년		2020년		2021년(~8월)
1	보다	1	찍다	1	보다	1	보다
2	찍다	2	보다	2	찍다	2	찍다
3	만들다	3	만들다	3	만들다	3	만들다
4	올리다	4	올리다	4	올리다	4	올리다
5	먹다	5	편집하다	5	편집하다	5	편집하다
6	편집하다	6	먹다	6	봐주다	6	**찍고 싶다**
7	가다	7	시작하다	7	시작하다	7	봐주다
8	봐주다	8	봐주다	8	먹다	8	시작하다
9	시작하다	9	가다	9	**찍고 싶다**	9	보지 않다
10	나오다	10	나오다	10	나오다	10	올라오다
11	**찍고 싶다**	11	**찍고 싶다**	11	촬영하다	11	촬영하다
12	빠지다	12	놀다	12	담다	12	먹다
13	놀다	13	촬영하다	13	가다	13	찾아보다
14	알다	14	올려보다	14	빠지다	14	나오다
15	구독하다	15	담다	15	놀다	15	즐기다

출처 | 생활변화관측소, 블로그, 2018.01.01~2021.08.31

레임 안에 들어가면 반짝이는 순간으로 남는다. 이렇게 편집하여 완성한 브이로그는 인스타그램의 스토리를 모아놓은 하이라이트 같은 역할을 한다. 기억에 남기고 싶은 기록들을 유튜브 채널 안에 차곡차곡 쌓는 것이다.

"유튜브 첫 브이로그 업로드 완료!! 아이폰11으로 바꾸면서 카메라가 좋아서 내 일상을 기록해볼까 생각이 들게 되기도 했고, 영상편집에 재미를 붙이게 되어 시작했다! 이제 꾸준히 영상을 올려야징!"
"아빠가 내 첫 운전 출근 브이로그 편집해줌 진짜 웃겨"

브이로그 콘텐츠 자체의 인기와 그 안에 등장하는 라이프스타일에 대한 선망 때문에 그동안 많은 브랜드가 브이로그 화면에 자신의 제품이 놓이기를 바랐을 것이다. 그러나 브이로그가 누구에게나 친숙해진 지금, 뻔하게 연출된 장면에 놓인 브랜드를 소비자들이 과연 선망할지 생각해볼 일이다. 자칫 더 큰 피로감을 느끼지는 않을까?

연출된 예쁜 씬에서 우리 브랜드가 어떻게 보일지를 고민하기보다, 편집되기 전 실제 일상에 우리 브랜드가 어떻게 놓이는지를 먼저 생각해보아야 한다. 편집은 없는 것을 만들어내는 것이 아니라 있는 것을 돋보이게 해주는 스킬이다. 평범함을 값지게 만드는 것은 스스로 추구하고 발견한 특별함이지, 인위적으로 부여한 특별함이 아니다. 당연한 말이지만, 일상 콘텐츠는 진정성이 가장 큰 무기다.

일상을 진정성 있게 담아 공감을 얻는 대표적인 콘텐츠가 '일상
툰'이다. 일상툰은 웹툰 작가나 전문 일러스트레이터뿐 아니라 취
미로 그림 그리는 일반인들이 SNS에 자신의 일상을 그리면서 퍼져
나갔다. 본인이 겪은 사건과 해프닝을 서술하는 것은 물론 그를 통
해 느낀 감정, 깨달음, 반성, 다짐 등을 솔직하게 담아내 독자들의
공감을 얻었다.

> "심모람 작가 일상툰은 무덤덤하고 슴슴한 맛인데 끊을 수가 없다. 아
> 기자기하고 귀엽다. 요리만화인데 어쩜 이렇게 식욕을 돋우지 못할
> 수가 있지. 근데 그게 귀여움 포인트. 밥상 걱정하기 싫어서 두부 두
> 모 사다가 마파두부 만들어 쟁여둔 나로선 공감 포인트 가득이다"

다른 사람들도 나와 같이 느낀다는 것을 알게 되는 지점이 공감
을 불러일으키는 콘텐츠의 핵심이다. 일상툰을 봤던 적이 있다면
작가가 나를 보고 그린 건가 싶은 디테일에 흠칫 놀라는 한편, 댓글
과 하트를 남긴 사람들도 나처럼 느꼈다는 반가움이 터져 나온 경
험이 있을 것이다. 나도 겪고 너도 겪은 일은 우리의 일이 된다. 평
범하기만 했던 나의 일상이 빛나는 우리의 일상으로 확장되는 순
간이다. 이는 비단 행복하고 소중한 순간에 국한되지 않는다. 함께
화내고, 함께 슬퍼하고, 함께 체념하며 나만 그런 게 아니라는 안도
감 역시 공유한다. 독자들은 공감하는 사람들이 모여 있는 울타리

안으로 자신을 들여놓으며 안정감을 찾고, 밋밋한 생활에서도 다양한 시각을 잡아내 입체감 있는 삶을 만들어가는 특별함을 느낀다.

> "최근 6개월의 내 머리스타일, 옷 입은 거, 생각, 표정 모든 것을 100% 일치 시켜 논 그림. 누가 그렸쓰까… #육아맘일상 #나만그런게아니었어 #박스티에레깅스소름"

일상툰이 깨알같이 묘사하는 특정 상황에는 대개 단골로 등장하는 제품들이 있다. 이때 독자들은 그 상황에 공감하는 정도만큼이나 그 제품과 자신의 연관도를 높이게 된다. 지금까지 브랜드가 침투했던 부분은 바로 이 지점이다. 특히나 일상툰 연재에는 '소통'이 중요한 비중을 차지하므로, 제품 같은 디테일한 요소 또한 대화 소재이자 공감 포인트로서 중요한 역할을 했다.

하지만 코로나 이후 일상을 돌아보는 것이 중요해지면서, 일상툰 또한 소통 중심에서 다시 기록 중심으로 돌아오는 추세다. 일기가 일상을 기록하면서 생각을 정리하고 의미를 발견할 수 있는 글쓰기이듯, 일상툰 역시 일상을 기록함으로써 나를 돌아보게 하는 힘이 있다. 평소 생활하면서 느꼈던 것을 마음속에만 담아두던 사람들은 이제 일상툰을 통해 글과 그림으로 꺼내놓아진 생각을 마주할 수 있다.

일상 기록에 가까운 서술은 그 중심이 작가 자신에게 있다. 이 지점에서 독자들도 소통을 위한 소통을 만드는 콘텐츠와 진정성을

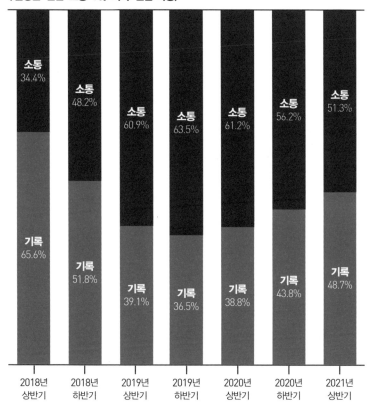

〈'일상툰' 연관 '소통' vs. '기록' 언급 비중〉

	2018년 상반기	2018년 하반기	2019년 상반기	2019년 하반기	2020년 상반기	2020년 하반기	2021년 상반기
소통	34.4%	48.2%	60.9%	63.5%	61.2%	56.2%	51.3%
기록	65.6%	51.8%	39.1%	36.5%	38.8%	43.8%	48.7%

출처 | 생활변화관측소, 인스타그램, 2018.01.01~2021.06.30.

담은 콘텐츠를 구분한다. 리얼한 기록과 그 틈에서 얻어진 진중한 생각은 독자들로 하여금 본인의 일상을 재해석하고, 새로 얻게 된 시각을 언젠가 비슷한 상황에 놓이면 적용하겠다는 다짐을 하게 한다.

일상툰이 흥미로운 것은 작가들이 남들과 다른 특별한 일을 경험했기 때문이 아니다. 누구에게나 일어나는 평범한 일들을 하나의 사건으로 포착하여 기록했기 때문이다. 누구나 느끼는 감정과, 그것을 누구나 이해할 수 있는 언어로 표현하는 것 사이에는 발견과 재해석, 서술의 기술이라는 차이가 존재한다. 공부해서 내용을 아는 것과, 그것을 누군가에게 설명하는 게 다른 수준의 앎이듯 말이다. 이 때문에 일상툰 작가들은 그림만 그리는 사람이 아니라 '작가'로 불리고, 일상툰 소비자들은 '아, 맞다, 생각해보니 나도 그래'라며 공감하는 독자가 된다.

디테일한 상황과 소재를 담는다는 점과 새로운 시각으로 의미를 한층 풍부하게 한다는 점이 결합하면서 최근의 일상툰은 독자들의 라이프스타일, 소비 취향에도 더욱 깊숙이 관여하기 시작했다. 새로 산 에어팟의 애칭을 지어주는 과정이나 오랜만에 쇼핑하며 있었던 에피소드, 소중한 친구로부터 의미 있는 선물을 받은 이야기까지 일상툰에는 각자의 라이프스타일을 채우는 제품과 브랜드가 함께 언급되거나 유추될 수 있다. 이는 단순히 노출에 따른 홍보 효과에 그치지 않는다. 일상의 특별한 사건에 등장하는 제품과 브랜드는 기록하고 싶은 혹은 기록될 만한 제품과 브랜드라는 의미를 갖는다. 과거에는 일상툰 안에 우리 브랜드가 어떻게 '소통'될 것인지에 초점을 맞췄다면, 이제는 어떻게 '기록'될 것인가에 초점을 맞춰야 한다.

발견은 익숙한 것을 새롭게 보기에서,
깨달음은 기록에서,
공감은 우리의 존재 확인에서 온다.

일상툰처럼 중심을 자신에게 두는 기록 콘텐츠는 독자에게 일상을 다양한 각도에서 풍부한 의미로 펼쳐 보이는 프리즘이 되고 있다. 새로운 시각은 커다란 자극에서만 오는 것이 아니다. 2020년 아카데미 시상식에서 봉준호 감독이 수상소감으로 언급하지 않았는가. "가장 개인적인 것이 가장 창의적인 것이다(The most personal is the most creative)"라고.

나의 발견, 그리고 사람과 사람을 잇는 이야기

기록 채널로 다시 주목받는 채널 중 하나는 블로그다. 얼마 전까지만 해도 믿지 못할 리뷰 채널이거나 이용자 연령대가 높다고 인식되었던 것을 생각하면 최근의 변화는 '블로그의 재발견'이라 할 만하다.

1세대 SNS로서 역사가 오래된 만큼 전문적으로 포스팅하는 파워 블로거들을 중심으로 작성자의 허들이 높아진 데다, 광고성 콘텐츠 중심으로 변질된 모습에 많은 이들이 정보 검색 용도 외에는 잘 이용하지 않았던 것이 사실이다. 게다가 짧은 글의 소통이 실시간 이루어지는 트위터나 한 장의 사진으로 어필하는 인스타그램의 시대를 살고 있으니 긴 글 중심의 블로그는 지루하다고 여겨질 법하다. 하지만 브이로그와 일상툰에서 확인할 수 있듯, 보여주기식 콘텐츠에 피로도가 높아진 사람들은 진솔한 인터넷 공간을 찾아 떠났고,

〈'기록하다' vs. '포스팅하다' 연관어〉

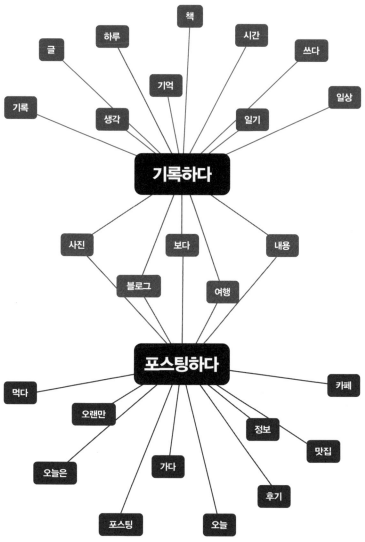

책
하루
시간
글
쓰다
기억
일상
기록
생각
일기
기록하다
사진
보다
내용
블로그
여행
포스팅하다
먹다
카페
오랜만
정보
맛집
오늘은
가다
후기
포스팅
오늘

출처 | 생활변화관측소, 블로그, 2018.01.01~2021.08.31

블로그를 기록의 매체로 새롭게 활용하기 시작했다.

이러한 변화는 블로그 내에서 정보 전달을 목적으로 하는 '포스팅'이라는 키워드가 줄고 생각과 기억을 담는 '기록'이 늘고 있는 현상에서도 엿볼 수 있다.

포스팅이 내가 가진 것을 밖으로 펼쳐 보이는 것이라면, 기록은 내 안에 것을 더 면밀히 살펴볼 수 있게 정리하는 것이다. 갓생의 흔적을 꾸준히 남기는 ○월 기록, 일주일 기록부터 좋아하는 취미를 남기는 영화기록, 독서기록, 혹은 자신의 소비습관과 취향을 알아볼 수 있는 소비기록까지, 나를 알아가고 찾아갈 수 있는 온갖 기록의 형태가 블로그에 나타나고 있다. 단순한 일기장이 아니라 '나 설명서'가 된 것이다.

또한 블로그는 같은 기록매체인 브이로그와도 구분된다. 이 둘의 가장 큰 차이는 일상과 기록의 순간이 분리되는지 여부다. 블로그는 일상의 그 순간에 충분히 머물다 돌아와서 다시 생각해보며 기록한다. 그 과정에서 자신에 대한 생각이 구체적으로 정리된다.

"원래는 나의 20대를, 나의 하루하루를 기록하고 싶어서 브이로그를 시작하려고 했지만 하루종일 영상 찍으려고 카메라 설치하고 신경써야 하고 온전히 그 시간을 상대방과 집중할 수가 없어서 브이로그 말고 블로그를 하게 되었어요 마냥 행복한 하루의 조각이, 또는 우울하고 지친 하루의 조각이, 매일매일이 다르고 다양하겠지만 그 작고 소중한 조각들이 모여 조금 더 성숙한 내가 되어 있기를"

그런 점에서 블로그의 재발견은 사실상 '나 재발견'이라는 의미를 담고 있다. 이는 MBTI 테스트, 백문백답 등 혼자서 파악하기 어려웠던 자신의 성향을 설명해주는 가이드에 젊은 세대가 반응했던 것과 맥락을 같이한다. 말하자면 블로그는 생각의 구체화를 통해 자신을 설명하는 채널 중 가장 주체적 버전인 셈이다. 이 속에서 많은 사람들이 스스로를 MBTI 과몰입, 자의식 과잉 등으로 표현하지만, 이는 자괴감의 표현이라기보다는 오히려 자기객관화 욕구의 실천이라고 본다. 자기 자신이 과몰입했는지, 자의식 과잉인지 판단하려면 나 자신과 약간의 거리를 두고 살펴보아야 가능하기 때문이다.

자기객관화에 대한 관심이 늘어나는 이유는 무엇일까? 엄청난 경쟁 시대에 사람들은 자꾸만 타인에게 자신을 설명하라고 요구받는다. 그렇다고 기존처럼 타인의 스펙을 따라가는 것은 불가능하다고 느낀다.

불가능하니 포기하자는 게 아니다. 나는 그들과 다르다는 것을 인지하고, 그러므로 공통의 기준인 '스펙'이 아닌 내가 할 수 있는 일을 열심히 하는 '갓생'을 살고자 하는 마음이 더 커진다. 그런 의미에서 나를 아는 것은 또 다른 의미의 경쟁력이다.

숏폼와 이미지, 영상만 좇을 줄 알았던 젊은 세대가 다시 긴 글로 돌아간 이유 또한 '내가 무엇을 모르고 있는지, 어떤 생각을 하고 있는지' 알기 위함이다. 메타인지의 방법으로 블로그를 활용하는 것이다.

〈'자기객관화' 언급 추이〉

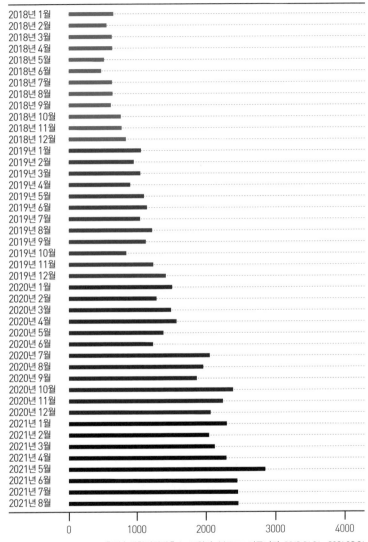

출처 | 생활변화관측소, 트위터+블로그+커뮤니티, 2018.01.01~2021.08.31

즉 블로그의 부흥을 통해 유추할 수 있는 삶의 태도 변화는 대략 다음과 같다.

첫째, 보편적 기준에서 개별적 기준으로.

둘째, 허황(욜로)에서 현실(습관, 기록)로.

셋째, 감각과 이미지에서 구체적인 설명과 의미로.

나를 알아가고 찾아가는 기록은 험난한 시대에 소중한 일상을, 그리고 소중한 자신을 단단히 지켜내려는 욕망에서 나온 생존방식이다.

'나'에 대한 관심은 '너'에 대한 관심으로 확장된다. 우리 모두는 특별한 자신의 세계를 말하고 싶어 하는 개인들이다. 또한 인간에게는 서로의 세계가 궁금한 인류애적 호기심과, 함께 견뎌내고자 하는 의지 또는 희망이 있다. 우리는 각자의 속도로 삶을 살고, 그 삶(들)은 콘텐츠가 되어 저마다의 항성을 만든다.

타인에 대한 관심은 인터뷰 콘텐츠에서 단적으로 드러난다. 기성매체의 전유물로 여겨졌던 인터뷰는 대개 유명인의 생각을 담는 내용이 주를 이뤘지만, 유튜브를 비롯한 각종 뉴미디어 영역으로 넘어가면서 심도가 바뀌었다. 타인의 관점이 담긴 질문을 통해 나의 이야기를 깊이 있게 보여주는 방식으로 인터뷰 콘텐츠가 변화했다. 그걸 보는 사람들은 인터뷰이의 이미지가 아니라 마인드를 소비한다. 묻는 사람도, 콘텐츠를 보는 사람도 스스로에게 같은 질문을 던져보며 자신을 이해하고자 하고, 인터뷰이와의 관점 차를 비교해보기도 한다.

"요새 한참 고민하고 있는 것들이 있었는데 유퀴즈 진기주 배우 편 보
고 생각이 많아졌다. 울다가 웃다가 공감도 되고 응원하고 싶은 마음
도 생기고."

세세한 상황은 다르지만 어려움에 부딪혔을 때의 감정이나 노력,
태도에 대한 기록은 각자 분투하고 있는 모든 이들의 공감을 불러
일으킨다. 물론 여기에는 진정성이라는 전제가 있다. 그래야 이야
기를 통해 타인의 삶을 인정하고 공감할 수 있기 때문이다.

진정성은 최근 '서사'와 '비하인드'의 형식으로 전달되고 있다.
차트 역주행으로 이슈가 된 아이돌 그룹 브레이브걸스는 무명시
절 작은 무대도 열심히 하며 버텼던 비하인드 스토리가 밝혀져 역
주행의 정당성을 확보하고, 더 많은 이들의 지지와 응원을 받았다.
2020 도쿄 올림픽에서 한국 여자체조 사상 최초의 메달리스트가
된 여서정 선수의 이야기에도 많은 이들이 열광했다. 1996년 애틀
랜타 올림픽에서 은메달을 딴 아버지 여홍철의 뒤를 이었다는 점
은 물론, 아버지의 기술을 발전시킨 고유의 '여서정' 기술로 동메
달을 따는 장면이 감동 포인트가 된 것이다. 선수 시절 여홍철의 도
움닫기에서 시작해 여서정 선수의 착지로 끝나는 오버랩 영상은
SNS상에서 부녀 올림픽 메달리스트 서사로 회자되었다.

서사에는 주인공이 다양한 관계 속에서 노력하고 실패하고 성장
하는 등 다면적인 모습이 담겨 있어 한층 입체적인 삶을 들여다볼
기회가 된다. 그 결과 자연스레 그들 삶에 대한 인정과 공감, 나아

가 응원과 지지가 형성된다. 지금이 있기까지 노력과 진심이 있었다는 것을 증명해주는 서사와 비하인드가 밝혀지면 성과의 가치와 진정성이 보다 진중하게 전달된다.

평범한 일상의 이야기는 동일시라는 과정을 거치며 공감을 얻고, 존경의 이야기는 지지의 과정에서 공감을 얻는다. 이러한 공감은 각자의 삶을 이해하고 있는 그대로 인정하면서 사람과 사람 사이의 관계를 다층적이고 다면적으로 형성하도록 돕는다. 서로의 배울 점을 학습하고 공동체 속 각자의 역할을 존중하며 모종의 연대감을 느끼게 되는 것이다. 그렇기에 젊은 사람들이 덤덤하게 받아들이는, 때론 무언가를 포기하고 때로는 작은 것들에서 큰 용기를 얻기도 하는 '별것 아닌 삶'은 실은 엄청나게 '별것'[3]이라 할 수 있다.

많은 브랜드가 소비자들과 대면하는 지점을 만들기 위해 '브랜드의 인격화'를 외친다. 그러나 사람과 사람으로 만나고 싶다면 '가면'을 뜻하는 페르소나만 가져서는 안 된다. 단편적인 겉모습이 아니라 입체적인 정체성과 이야기를 들려줄 필요가 있다.

요즘의 소비자들은 자신을 돌아보며 가치관과 취향을 구체적으로 설명하고, 소비를 비롯한 스스로의 행동을 이해한다. 마찬가지로 상대방도 자신과 동등한 인간으로서 그만의 삶을 구축하고 있다는 점을 놓치지 않는다. 따라서 브랜드가 인격을 가지고자 한다

---

3) 별것(別것) : (명사) 1. 드물고 이상스러운 것. 2. 여러 가지 것. (표준국어대사전)

면, 스스로 만들어낸 소중한 일상이 있어야 한다. 그 일상을 구성하는 자신만의 세계를 만들어가는 과정을 겪어야 한다. 브랜드의 발자취를 기록하면서 돌아보아야 한다. 그렇게 만들어진 이야기를 통해 소비자들과 관계 맺는 것이 이 시대가 원하는 브랜드 인격화다.

소비자는 일상을 스스로 구축하는 주체적 존재임을 잊지 말자

어려운 상황에서도 사람들은 쉽게 무너지지 않는다. 일상을 지켜나가고 적응하는 과정에서 사람들은 점점 더 자신만의 방향과 속도로 삶을 꾸려나가고 있다. 브랜드와 기업이 만들어낸 라이프스타일을 따라오는 사람보다, 자신의 삶에 브랜드와 기업을 들여오는 사람들의 라이프스타일에 주목해야 한다.

제품이 진정성을 갖추려면 편집되기 전 일상에서부터 쓰여야 한다

콘텐츠는 본래의 일상을 보여주는 창인 동시에 편집된 일상을 나르는 수단이다. 자신만의 세계를 구축한 소비자들은 콘텐츠에서만 빛나고 실제 삶에서는 쓰이지 않는 제품이 무엇인지 알아본다. 현생을 사는 시점에서 만날 수 있는 제품이 되어야 한다. 우리의 제품이 진짜 일상 속에 들어와 있다면, 소비자들이 직접 편집한 하이라이트 장면과 그들의 정체성을 밝히는 기록 안에도 들어갈 것이다.

브랜드 페르소나에는 소비자와 대화할 수 있는 진짜 이야기가 필요하다

브랜드 페르소나는 평범한 일상과 생각을 가진 하나의 인격으로 존재해야 한다. 그리고 자신의 진솔한 이야기를 통해 사람들과 공감하고 연대감을 형성해야 한다. 우리 브랜드의 페르소나는 소비자와 사람 대 사람으로 만나고 있는가? 소비자들은 우리 브랜드에 어떤 관점으로 어떤 질문을 던질 수 있을까? 우리 브랜드는 어떤 비하인드를 말해줄 수 있을까? 흉내 내는 진정성은 금방 들킨다.

Chapter 5.

브랜드의
자아 찾기

—— 이원희 ——

브랜드를 통해 이루고 싶은 많은 것 중,

최근 눈여겨보아야 할 것은 '신념의 연대'다.

사람들은 점점 더 많이 브랜드를 통해 신념의 연대를 이루고 싶어 한다.

당신의 브랜드는 어떤 신념을 지지하는가?

이 신념을 지지하는 방식은 어떠한가?

시대가 원하는 메시지를 일관되게 전달하고 있는가?

우리 브랜드가 구축한 세계관에 동의하는 사람들이 존재하는가?

이것을 알아가는 과정이 곧 브랜드의 자아 찾기다.

마음도 자가격리가 필요하다

　코로나로 우리 삶이 통째로 바뀐 듯하지만, 어쨌든 우리는 먹고 자고 일하고 노는 일상을 영위하고 산다. 어쩌면 일상이 가장 소중하다는 그 진부한 말을 더 여실히 깨닫게 되었는지도 모른다. 코로나가 언제 끝날지는 아무도 확신할 수 없지만, 나 자신이 가장 소중하다는 사실만은 확실히 깨닫게 되었다.

　이를 입증하듯 지난 1년여간 우리는 계속 '나는 누구지?'라는 질문을 스스로에게 던졌다.

　오른쪽 도표를 보면, 2018~19년 사이에 큰 변화가 없던 '자아'에 대한 언급량이 2020년 3월 이후 배 이상 상승한 것을 볼 수 있다. 2021년 6월 현재도 예년보다 50%가량 증가한 상태를 유지하고 있다. 많은 이들이 책을 읽고, 명상이나 마음공부를 하고, 일기를 쓰며, 나름의 방식으로 자아를 찾으려 시도하고 있다.

〈'자아' 언급 추이〉

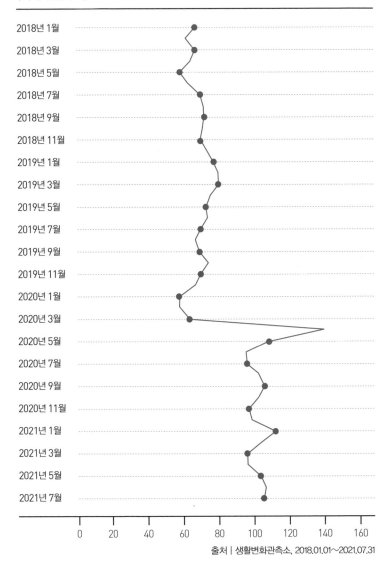

"생각만 많아지고, 머리만 복잡해요. 일단 '나'라는 사람이 어떤 사람인지 알아야 할 것 같아서. 코로나 때문에 어차피 학교 밖 활동은 다 제약 이번 겨울방학 동안 다 포기하고 자아를 찾아가볼까 하는데 뭐부터 시작해야 할까요?"

"나름 아들 케어 및 자아 찾기로 주어진 1년 단기 휴식인데, 휴직한 2월부터… 지금껏 휴직을 한 절반의 의미를 못 찾고 있네요"

자아를 찾으려는 이유는 불안하기 때문이다. 코로나로 인해 되돌아보게 된 내 인생의 의미, 그 부질없음에 대한 불안감이 높아진다. 그럴수록 어떻게든 자아를 찾아 행복해지겠다고 외친다.

오른쪽 도표를 보면 10년 전에 비해 자아에 대한 부정적 인식이 크게 증가했음을 알 수 있다. '기쁨', '존중', '만족', '성취', '희망' 대신 '불안', '부정적', '분노', '비판', '이기적', '실패'라는 키워드가 증가했다. 불안은 늘 현대인의 화두였지만, 자아와 불안의 연관도가 더 높아진 것이다.

무엇이 불안할까? 2017년에는 '스트레스'에 따른 불안이 신체증상으로 나타나는 병리적인 문제와 주로 연관되었다. 즉 병원에 가서 '치료'받아야 하는 '질환' 등 '몸'에 나타나는 증상에 가까웠다면, 2021년 현재는 '걱정'이나 '두려움'과 같이 일상적인 언어와 좀 더 가깝다. 치료가 필요한 정도는 아니지만 일상적으로 불안이 공존하는 것이다.

사람들은 책을 읽으며 자신이 느끼는 불안에 대해 공부하고, 공

〈2010년 vs. 2020년 '자아' 연관어〉

	2010~11년(~6월)		2020~21년(~6월)
1	사랑	1	사랑
2	고통	2	고통
3	행복	3	행복
4	믿음	4	긍정적
5	진리	5	**불안**
6	긍정적	6	믿음
7	갈등	7	**부정적**
8	**기쁨**	8	진리
9	불안	9	기쁨
10	부정적	10	갈등
11	**존중**	11	**분노**
12	소망	12	**비판**
13	비판	13	성공
14	분노	14	공감
15	**만족**	15	희망
16	**성취**	16	슬픔
17	슬픔	17	**이기적**
18	평화	18	성취
19	성공	19	즐거움
20	**희망**	20	**실패**

출처 | 생활변화관측소, 2010.01.01~2011.06.30 vs. 2020.01.01~2021.06.30

자기인식의 변화

감하고, 알고자 한다. 서점에 가보면 많은 책이 불안을 이야기한다. 오래전부터 베스트셀러였던 알랭 드 보통의 《불안》을 비롯해 《불안한 마음을 잠재우는 법》, 《불안하지 않게 사는 법》 등 사회학, 심리학, 정신분석학 측면에서 다양하게 불안이 분석돼 있다. 그 책들을 읽으며 불안의 원인과 대처방안을 알게 되면 내 몸과 마음의 주도권을 잡을 수 있지 않을까 생각한다.

> "일상이, 그냥 참 별게 없는데도. 작은 거에도 나 스스로 자책하고 쓸모없는 인생을 살아왔다는 자존감 낮은 생각이… 들어요
> 그래도 제가 범죄를 저지르거나 당한 적도 없는데 왜케 마음이 유리마냥 약한지… 뭐가 불안하고 두려운지 잘 모르겠는데, 아 왜 멘탈이 이 모양인가 ㅎㅎㅎ"

또 다른 자아 찾기 방법으로 명상도 증가했다. 코로나 위기 이후 명상을 언급하는 사람이 급격히 늘고 있다. 명상은 강제적으로 혼자 있을 시간을 준다. 코로나 시대에 자가격리하듯, 나의 마음을 내가 들여다보기 위해 시간과 장소를 통제한다. 바쁘고 스트레스 많은 것이 당연시된 이 사회에서, 시간을 따로 내지 않으면 나에 대한 생각을 하기 어려운 것이 사실이다. 명상을 하는 사람들은 하루에 10분이라도 시간을 낼 것을 추천하면서 '반드시 명상이 아니어도 된다'고 말한다. 그저 나만을 위한 시간을 내라는 것이다. 2020년부터 꽤 유행했던 '#미라클모닝챌린지'도 일찍 기상하는 데 그치지

〈2010년 vs. 2020년 '불안' 연관어〉

	2010~11년(~6월)		2020~21년(~6월)
1	마음	1	마음
2	증상	2	사람
3	**몸**	3	생각
4	**스트레스**	4	사람들
5	사람	5	문제
6	**치료**	6	**삶**
7	아이	7	시간
8	생각	8	속
9	생활	9	상황
10	건강	10	상태
11	**질환**	11	증상
12	사람들	12	몸
13	정신	13	스트레스
14	삶	14	**감정**
15	문제	15	코로나
16	가슴	16	이유
17	병원	17	걱정
18	변화	18	치료
19	환자	19	도움
20	신경	20	행동
21	하루	21	결과
22	대상	22	아이
23	상황	23	생활
24	효과	24	건강
25	통증	25	사회
26	기능	26	책
27	뇌	27	방법
28	감정	28	세상
29	엄마	29	**두려움**
30	행동	30	힘

출처 | 생활변화관측소, 2010.01.01~2011.06.30 vs. 2020.01.01~2021.06.30

말고 명상, 독서, 운동, 공부, 감사일기, 걷기 등을 하며 혼자만의 시간을 가지라고 독려한다.

이렇듯 사람들은 불안하고 두렵고 걱정되는 원인을 찾기 위해, 마음에 안정과 평화를 얻기 위해, 자신에게 집중하는 마음의 자가 격리 시간을 갖는다. 그 시간을 통해 자신의 생각과 마음에 대해 공부하고 알아간다.

브랜드의 선택기준, 시대감성

이렇게 불안한 자아들이 모이면 어떻게 될까?

동시대에 태어나 공통의 경험을 한 사람들의 생각이 모여 지금 이 시대의 감성과 무드를 만든다. 시대감성은 거창한 게 아니라 그 시대를 관통하는 하나의 무드나 문화적인 코드, 가치관이다. 30년 전에 옳았던 일이 옳지 않은 일이 되기도 하고, 이해받지 못하던 일이 충분히 이해되기도 하는 만큼 사람들의 가치판단 기준도 바뀌고 문화도 바뀌고 그에 영향을 받는 우리도 바뀐다.

시대감성은 언제나 컨템포러리(contemporary)하다. 기성세대가 흔히 말하는 '요즘 MZ세대는 ○○을 중시한다더라'가 곧 오늘날의 시대감성이자 시대정신이다. 시대감성은 그 시대의 사람들, 인격체에게 요구되는 무형의 성질이며 사회에서 받아들여져야 할 암묵적 룰이기도 하다.

그러한 면에서 시대감성은 브랜드를 선택하는 기준이 되기도 한다. 우리는 종종 브랜드를 살아 있는 주체로 보고 곧잘 사람에게 기대하는 바를 브랜드와 기업에도 요구한다. 따라서 시대감성을 모르거나 무관심한 브랜드는 관심을 받기 어렵다. 하물며 시대감성을 빗겨갔거나 시대감성이 결여된 브랜드는 지탄받고, 도태될 수밖에 없다.

2020년 LH공사 행복주택 광고는 '부모의 경제적 도움을 받지 못하는 상황의 청년을 도움받는 청년이 부러워한다'는 컨셉을 내세웠다. 이 광고를 만들었거나 최종 승인한 사람은 당연히 청년이 아닐 것으로 판단된다. 30~40년 전에는 부모 도움 없이 자기 집을 장만하는 것이 더 자랑스러웠을 것이다. 물론 지금도 그것은 다르지 않다. 하지만 이전에 비해 그러기가 훨씬 어려워졌다. 30~40년 전에는 대부분 부모 도움을 기대하기 어려웠던 데다, 그 시절에는 젊은 세대가 부모 도움 없이 집을 마련하는 게 가능하기도 했기 때문이다.

한국은행과 한국증권거래소에 따르면 1965~67년 은행 정기예금 평균 금리는 연 26.4%였다. 실로 놀라운 수익률이다. 그때는 저축만 열심히 해도 집을 살 수 있었다는 이야기가 결코 거짓이 아니었다. 신한은행이 2017년 펴낸 〈보통사람 금융생활 보고서〉에 따르면 1990년대 이전의 첫 번째 부동산 구입연령은 평균 29.2세였다. 2010~16년에는 34.8세다. 과거에도 내 집 마련이 쉽지는 않았지만, 시간이 흐를수록 더욱 어려워지고 있다는 이야기다.

이런 현실에 부모의 도움을 받아 아파트를 구입할 수 있는 사람이, 부모 도움 없이 임대주택 사는 사람을 부러워한다는 광고에 청년들은 '놀림과 비아냥, 무시'를 느꼈을 것이다. 시대감성이 결여된 브랜드 활동의 전형적 예시다. 사회상과 시대정신을 반영하지 못한, 기성세대가 자신들의 눈높이로만 세상을 바라보는 적나라한 예다.

모르는 것은 죄가 아니다. 하지만 공감하려는 노력을 하지 않아 누군가에게 상처를 주면 죄가 된다. 공감을 얻기 위해 노력할 방법이 얼마든지 있기 때문이다.

이번에는 마케팅에 종사하는 사람이라면 관심 있게 보았을 넷플릭스 드라마 〈에밀리, 파리에 가다(Emily in Paris)〉에서 확인한 예시다. 주인공 에밀리는 미국의 글로벌 마케팅 회사 직원으로, 동료 대신 프랑스 지사에 파견된다. 파리 사람들은 에밀리를 촌스럽다고 놀리지만, 그녀는 '미국적 시각'(American point of view)을 회사에 전파하겠다며 당당하다. 그러던 어느 날, 향수 광고 촬영현장에서 여성 모델이 나신으로 파리의 다리를 건너는 모습을 보고 경악한다. 광고기획 의도를 들어보니 여성들은 자신의 매력으로 유혹의 대상이 되는 것에 만족감과 기쁨을 느낀다는 것이다. 그것이 여자들의 꿈이라는 것이다. 에밀리는 그것이 부적절하고 차별적(politically incorrect)이라고 지적한다. 많은 여성들은 다른 사람에 의해 대상화된다는 사실을 불쾌하게 여길 것이라며 반대한다. 광고가 나가는 순간 그 브랜드는 시대감성을 읽지 못한, 사람들의 마음 우리 브랜드는 컨템포러리한가?

을 외면한 브랜드가 되는 것이라고.

우리 브랜드가 이 두 예시와 유사한 커뮤니케이션을 하고 있지는 않은지 돌아볼 일이다. 브랜드는 동시대인들의 시대감성에 공감하고 그 공감을 객관화할 수 있어야 한다. 개개인의 주관이 모여 시대감성이라는 흐름이 된다. 그 감성을 기반으로 한 커뮤니케이션과 마케팅에는 사람들이 깊이 공감할 수 있다. 그리고 공감은 다시 마음의 에코를 만들어 우리 브랜드에게로 돌아온다. 마음에 남은 공감의 잔상이 변용되고 재생산되는 것이다. 그렇게 쌓인 공감이 우리 브랜드의 이미지를 만들고 평판이 된다.

"예전엔 러쉬는 왜 저렇게 시커먼 통에 담아서 팔까, 했는데, 단순히 시커먼 통이 아닌, 계속해서 재사용 중인 용기라는 걸 알게 된 후로는 '러쉬는 힙한 통에 담아서 파는구나'라는 생각이 바뀌었다. 러쉬처럼 조금 비싸더라도, 환경을 생각해서 노력해온, 노력하는 기업에 소비하려고 노력중이다. 친환경 기업들이 승승장구하면 좋겠다. 다른 기업들도 보고 따라올 수 있도록 말이다."

객관화된 욕망에 공감하다

소셜 빅데이터로 분석한 시대감성의 변화를 하나씩 살펴보자. 인간을 표현한 언어가 2018년 대비 2020~21년에 어떻게 변화했는지 분석해보았다. 대상을 지칭하는 언니, 오빠, 엄마 같은 표현이나 BTS, 아이유, 펭수 등 인플루언서 이름을 합쳐 인물 세트(G)를 만든다. 그런 다음 이 인물과 함께 언급되는 표현어를 분석했다. 여기에는 형용사뿐 아니라 성격과 특성을 나타내는 키워드도 포함된다. 사람들에게 붙이는 표현이 어떻게 달라졌는지 봄으로써 우리가 요구하는 시대감성을 파악할 수 있다.

인물 표현에서 최근 3년간 일어난 가장 큰 변화는 '완벽함' 대신 '노력형'을 추구한다는 것이다.

그동안 완벽함은 대개 '좋은 결과'를 뜻했다. 즉 완벽하다는 말은 결과가 흠잡을 데 없다는 뜻이었다. 그런데 완벽함에 대한 언급이 감소한다는 것은, 완벽함보다 더 의미 있는 것이 생겼다는 뜻이다.

우선 결과가 아닌 과정으로 축이 옮겨왔다. 어떠한 일을 수행할 때나 조직에서 맡은 바를 처리할 때 우리는 항상 결과로 평가받아왔다. 결과가 엉망이면 과정이 훌륭해도 칭찬받지 못했고, 반대로 결과가 완벽하면 과정의 불합리성, 불공정성, 비인간성은 대략 눈감아줄 수 있는 사회였다. 하지만 이제는 일을 수행하거나 목표를 위해 노력과 열정을 쏟는 과정 자체를 느끼겠다는 것이다. 그리고 그 과정에서 얻을 수 있는 즐거움을 찾겠다는 것이다.

또한 여기에는 평가자가 타인에서 자기 자신으로 바뀌었다는 뉘앙스가 깔려 있다. 다른 사람의 잣대로 내 모습과 노력을 평가하게 두지 않고, 나의 기준으로 평가하고자 하는 열망이 담겨 있다. 노력하는 과정에서 얻게 되는 성취와 그에 따른 자신감과 영향력을 높

〈인물 연관 감성어 변화〉

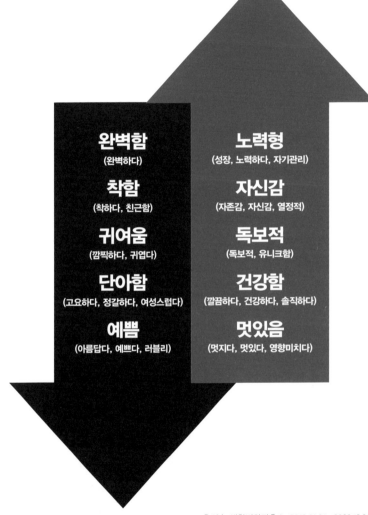

완벽함
(완벽하다)

노력형
(성장, 노력하다, 자기관리)

착함
(착하다, 친근함)

자신감
(자존감, 자신감, 열정적)

귀여움
(깜찍하다, 귀엽다)

독보적
(독보적, 유니크함)

단아함
(고요하다, 정갈하다, 여성스럽다)

건강함
(깔끔하다, 건강하다, 솔직하다)

예쁨
(아름답다, 예쁘다, 러블리)

멋있음
(멋지다, 멋있다, 영향미치다)

출처 | 생활변화관측소, 2018.01.01~2020.12.31

게 평가하는 것이다.

평가의 기준이 결과에서 과정으로, 평가의 주체가 타인에서 나로 이동했다는 점을 브랜드는 반드시 기억해야 한다. 나의 노력을 중요시하는 '나' 중심의 세상으로 변화하고 있다. 나의 선택과 판단, 내가 임하는 과정을 중요하게 생각하는 이 열망과 욕망을 객관화해서 보고, 우리 브랜드에 적용시켜 공감을 불러일으킬 수 있어야 한다. 시대감성, 즉 욕망에 공감함으로써 새로운 시장을 열고, 더 좋은 브랜드로 거듭날 수 있다. 여기 몇 가지 예를 소개한다.

'노력'을 응원하는 브랜드

환경에 대한 관심이 어느 때보다 뜨겁다. 자연과의 공생을 도외시한 결과 각종 기후위기가 닥치고 급기야 코로나라는 비참한 상황을 맞았음을 깨닫고, 더이상 환경 문제에 손을 놓아서는 안 된다고 생각한 것이다. 이런 위기의식을 반영해 최근 급격히 올라온 환경 관련 키워드로 '플로깅'과 '제로웨이스트'가 대표적이다. 조깅을 하면서 쓰레기를 줍는 플로깅과 제로웨이스트 모두 2018년 대비 2021년 언급량이 무려 13배가량 증가했다.

제로웨이스트는 말 그대로 쓰레기를 제로로 만들겠다는 실천행위다. 가장 손 쉬운 예로는 텀블러 가지고 다니기, 일회용 빨대 쓰지 않기, 비닐 쓰지 않기 등이 있다. 사실 아주 어려운 일은 아니다. 하지만 제로웨이스트를 의식하고 실천해본 사람은 안다. 카페에 갈 때마다 텀블러를 챙기는 게 처음에는 얼마나 수고스러운지, 편리한

빨대를 쓰지 않는 것이 얼마나 번거로운지, 종이 빨대라는 것이 처음엔 얼마나 이상하게 느껴지는지. 과대 포장한 상품은 사지 않고, 장보러 갈 때 에코백을 들고 가거나, 화장품 공병을 모은든가, 물티슈 대신 손수건을 사용하는 일이 결코 만만한 과업이 아니라는 것을 안다. 습관을 바꾸는 것은 언제나 너무 어렵다.

그래서 그 어려운 일을 하는 우리 자신을 칭찬해줘야 한다. 인스타그램에 나의 실천을 알리고, 함께하는 사람들도 칭찬해주고, 그 피드백에 나도 힘을 내서 지속하려 한다. 완벽하고자 하는 것이 아니다. '환경'이라는 근래 가장 중요한 의제를 위해 내 오랜 습관을 바꾸며 노력하고 있다는 사실이 중요하고, 그것은 칭찬받을 만하다고 스스로 인정하는 것이다. 앞에서 언급한 완벽함에서 노력형으로의 변화, 과정의 부각이다.

"매번 텀블러를 들고 다닐 수도 없고, 매번 그릇을 가져가서 반찬을 사올 수도 없지만, 할 수 있는 만큼은 하려고 해요. 우리가 의식을 하면 할수록 더 많이 할 수 있잖아요. 이렇게 만든 지구에게 미안하니까. 노력을 해야죠. 우리 모두가 한 번씩만 줄여도 어디인가요."
"텀블러랑 에코백 들고 다니는 것도 처음엔 맨날 까먹었는데, 자꾸 하다 보니 그래도 처음보다 나아졌어요. 까먹지 않으려고 남편이랑 지인들한테도 하자고 말하고, 자꾸 까묵까묵 그래서 인스타에다 새겨놓고 자꾸 리마인드 하려고 해요.^^"

〈'생수' 고려요인 비중〉

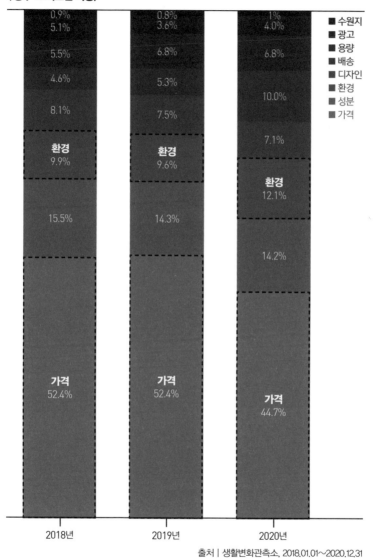

■ 수원지	
■ 광고	
■ 용량	
■ 배송	
■ 디자인	
■ 환경	
■ 성분	
■ 가격	

2018년

0.9%
5.1%
5.5%
4.6%
8.1%
환경
9.9%
15.5%
가격
52.4%

2019년

0.8%
3.6%
6.8%
5.3%
7.5%
환경
9.6%
14.3%
가격
52.4%

2020년

1%
4.0%
6.8%
10.0%
7.1%
환경
12.1%
14.2%
가격
44.7%

출처 | 생활변화관측소, 2018.01.01~2020.12.31

환경과 관련하여 사람들이 일상에서 가장 민감하게 느끼고 실천하는 것이 플라스틱과 비닐 줄이기다. 만약 우리 브랜드가 플라스틱과 비닐을 주로 사용하는 브랜드라면 어떻게 해야 할까? 예컨대 플라스틱과 라벨지로 이루어진 페트병은 환경오염의 주범으로 느껴질 수 있다. 실제로 먹는샘물(생수)과 연관하여 가격보다 환경에 대한 언급이 크게 증가했다.

"저는 지구?를 생각해서ㅜㅜ 정수기가 나은 거 같아요!! 플라스틱이랑 비닐이랑 쓰레기 너무 많이 나와요 흑흑!!"

이런 니즈에 착안해 최근 라벨지 없는 생수가 나오기 시작했다. 2020년 1월에 첫선을 보여 반응이 좋자 각종 생수 브랜드는 물론 페트병 음료 브랜드들도 무라벨지 페트를 출시하고 있다.

"요즘 생수 환경보호 때문인지 라벨지를 안 붙여서 나오더라구연ㅎㅎ. 기업에서 조금씩 변화되는 거 보니 너무 좋더라구요. 어렵겠지만 조금씩 저도 플라스틱이랑 비닐 줄여보려구요!!!"
"첨에 아이시스만 무라벨지라 신기했는데, 이제 백산수나 PB제품도 무라벨지 나오더라구요. 너무 잘한 것 같아요!! 또 그렇게 좋은 제품이 나와 우리의 죄책감을 덜게 해주세용!"

이들 브랜드는 내가 중시하는 이슈에 대한 죄책감을 덜어줌은 물론, 나의 실천 기록을 쌓아올릴 꺼리를 준다. 나를 실천하고 노력하는 사람으로 만들어준다.

이제 사람들이 지향하는 착한 일은, 어딘지도 불분명한 곳에 기부되는 종류의 것이 아니라 내 눈으로 직접 보고 내 노력을 인증할 수 있는 실천이다. 완벽하지 않아도 된다. 노력하고 만들어지는 과정을 내가 알고, 기록이 증명해줄 테니까.

정서, 객관화하여 공감한다

코로나 시대를 살아가면서 건강의 중요성은 더없이 커졌다. 일상적 활동까지 제한되는 전례 없는 상황에서 믿을 것은 내 몸뿐이라는 생각이 강해지는 것은 당연하다.

건강이야말로 노력이 중요한 영역이다. 10년 전 데이터와 비교해보면 2021년의 건강은 '관리'하는 것이라는 인식이 한층 강해졌다. 그리고 '마음'에 대한 언급이 등장했다는 점에도 주목하자. 앞서 언급한 우리 시대의 자아 찾기와 불안 또한 결국 마음의 건강에 관한 것이다.

당신은 건강을 어떤 차원에서 고려하는가? 다이어트? 치료? 운동? 이러한 고려사항에도 변화가 보인다. 우선 건강과 치료와의 연관도는 하락하고 있다. 다이어트에 대한 관심은 꾸준히 유지되고 습관, 운동, 근육, 식단과의 연관도는 높아졌다. 특정 질환이나 부상 때문에 몸에 신경쓰는 게 아니라 일상적으로 건강을 관리하는 데 관심이 높아졌다는 뜻이다. 구체적으로는 운동으로 근육을 만든다

〈2010년 vs. 2020년 '건강' 연관어〉

	2010~11년(~6월)		2020~21년(~6월)
1	몸	1	몸
2	효과	2	도움
3	음식	3	관리
4	상태	4	상태
5	물	5	기능
6	식품	6	운동
7	운동	7	식품
8	생활	8	치료
9	방법	9	시간
10	기능	10	음식
11	치료	11	코로나
12	결과	12	제품
13	맛	13	효과
14	피부	14	질환
15	가족	15	방법
16	질환	16	생활
17	성분	17	증상
18	문제	18	문제
19	예방	19	성분
20	영양	20	마음

출처 | 생활변화관측소, 2010.01.01~2011. 06.30 vs. 2020.01.01~2021.06.30

든가 식단관리를 하는 것인데, 양쪽 모두 습관의 범주에 들어간다. 우리는 건강 지키는 방법을 체화해 자기 것으로 만들고자 한다. 물론 습관 들이기가 결코 쉽지는 않지만 인스타그램이나 유튜브 등 자신의 소셜미디어에 기록하고 공표함으로써 실현가능성에 한발 더 가까워진다.

이렇게 자신을 관리하고, 운동과 식단까지 매일 기록하며 습관을 들이는 것은 신체적인 건강을 증진시킬 뿐 아니라 마음과 정신의 건강으로도 이어진다. 매우 구체적인 목표, 상대적으로 쉬운 목표를 세우고 실천할 때 만족감과 마음의 건강을 함께 얻을 수 있다.

"코로나 이전에는 학교를 다녀온 것만으로도 하루 할 일을 했다는 만족감을 느꼈다. 이제는 그럴 수 없기 때문에 '하루 1샐러드 하기', '플랭크 1분 이상 하기' 등 나를 위한 시간을 쏟는다. 그럼 좀 막 살지 않는다고 해야 하나? 좋은 느낌이 든다."

"코로나로 집에만 있다보니 우울해지는데 정말… 인스타에 보면 매일 운동 기록 남기는 분들이나, 홈트 꾸준히 해서 더 몸이 좋아졌다는 분들 보고, 난 뭐하고 있나 하는 생각이 들었어요. 다이어트는 평생 하는 거라지만. 그런 거보다도, 운동도 꾸준히 제대로 하고 식단도 좀 신경써서, 몸도 마음도 건강해질 수 있는 상태가 되고 싶단 생각이. 오히려 코로나로 제 시간도 더 많아졌으니까 왜 못하나. 그것은 핑계 아닌가 해요. 저도 습관들이고 싶은데 뭐부터 하면 좋을까요"

자기인식의 변화

이런 마음이 시장에 어떤 변화를 가져왔을까? 예컨대 '건강의 적'으로 인식되곤 하는 탄산음료 시장은 이러한 흐름 때문에 매출이 꺾였을까? 아니면 배달음식 이용이 증가했으니 탄산음료 매출도 올랐을까? 답은 후자다. 코카콜라는 코로나 시국에도 한국 시장에서 승승장구를 이어갔다. 지금까지 확인한 건강에 대한 니즈에 비춰보면 그럴 리가 없을 것 같은데, 어떻게 해석해야 할까?

지금 한국의 식문화에는 몇 갈래 중요한 결이 존재하는데, 그중 하나는 앞서 언급한 '건강하게 먹기'다. 두 번째는 '쉽게 먹기', 세 번째는 '예쁘게 먹기', 네 번째는 '집에서 먹기', 그리고 이 모든 식문화를 관통하는 것은 '맛있게 먹기'다. 아무리 건강하고 예쁜 요리도 맛이 없으면 외면당한다. 그러한 흐름 속에 '집에서 맛있게, 쉽게' 먹을 수 있는 배달음식은 증가할 수밖에 없다. 소셜 빅데이터를 보면 코카콜라는 확실히 피자, 치킨과 같은 배달음식과 밀접하게 연관된다. 그러므로 콜라의 성장은 당연하다.

그러면 건강과 다이어트에 대한 관심 지속이라는 측면에서 볼때, 칼로리가 낮아서 다이어트하는 사람들도 먹을 수 있다는 제로탄산에 대한 관심은 어떨까? 이들 제로탄산 제품의 KBF(Key Buying Factor)는 무엇일까?

건강관리 방법인 운동과 식단에 대해 많이 언급하는 타깃은 크게 세 부류로 나뉜다. 치료가 목적인 사람, 다이어트하는 사람, 하드코어 건강 관리자. 치료가 목적인 사람에 대한 이야기는 차치하고, 다이어터와 하드코어 건강 관리자에 대해 살펴보자. 다이어트하는 사람들에게는 운동과 식단이 방법론일 뿐 목표는 어디까지나 살 빼기다. 반면 하드코어 건강 관리자는 건강한 습관 자체가 목표로, 직업적인 헬스 트레이너나 운동 마니아뿐 아니라 건강에 대한 전문 지식을 갖추려 노력하고 실천하는 사람들도 포함한다.

이 둘은 목표가 다른 만큼 마시는 탄산음료도 다르다. 다이어트하는 사람들은 제로콜라를 마신다. 칼로리 때문에 일반 탄산음료는 마시지 않지만, 콜라의 맛은 향유하고 싶기 때문이다. 반면 건강 관리자들은 제로콜라를 마시지 않는다. 이들은 몸과 건강에 대해 공부하는 사람들이다. 저탄고지 카페에서 건강에 대한 고민을 나누고, 그에 맞는 식단을 공유하고, 서로 식단과 운동법을 제안하기도 한다. 음료 하나를 마시더라도 모든 성분을 일일이 확인해보고, 식품첨가물 중에 운동 효과를 떨어뜨리거나 몸에 해로운 성분이 있지는 않은지 꼼꼼히 살핀다. 그런 사람들이 칼로리가 낮다고 해서 제로콜라를 선택할 리 없다.

그러나 이들도 가끔은 당분을 듬뿍 느낄 수 있는 음료가 마시고 싶긴 하다. 이때 찾는 것이 '나랑드 사이다'이다. 나랑드 사이다는 하드코어 전문가로 분류되는 헬스 트레이너, 운동 선생님들이 추천하는 제로칼로리 음료다. 이들은 운동 및 식단 관리에 방해되는 성분이 있는지 매의 눈으로 확인한 결과 나랑드 사이다가 그나마 낫다고 말한다. 그래서인지 소셜미디어에 올라오는 나랑드 사이다의 사진은 유난히 뒷면 성분표시를 찍은 구도가 많다. 사람들이 성분표를 까보고, 다 검증해보았다는 뜻이다.

운동하는 사람들이 서로에게 추천하는 음료가 된 나랑드 사이다는, 이제 브랜드 차원에서 적극적으로 이들에게 어필하고 있다. 보디빌딩 대회를 후원하고, 헬스클럽에서 홍보활동을 하는 등 자신이 소구하는 정확하고 뾰족한 니즈를 파악하고 있다. 그럴수록 운동과 식단을 병행하는 이들에게 점점 더 입소문이 난다.

"코카콜라 제로 355, 칼로리 걱정 No! 단언컨대 최고의 탄산음료. 이 맛이 처음에는 익숙하지 않은데, 먹다보면, 오리지널 버전보다 더 중독성이 있어요. 일단 다들 말씀하시는 것처럼 제일 큰 장점은 텁텁한 끝맛이 없다는 점이에요."
"#탄산중독. 탄산수는 제 스타일이 아니구요. 그래서 헬스트레이너 선생님께 탄산 먹고 싶다고 하니까 이 사이다를 추천해주시더라구요. 나랑드, 첨 들어봤어요 ㅋㅋㅋㅋㅋㅋㅋㅋ 나름 달고 맛있네요."
"#infc프로전 #나랑드사이다 #서울우유 시합장에서 이런 것도 주시고 너무 좋은데요 ㅎㅎ"

당신이 신규 제로탄산 브랜드를 론칭한다고 상상해보자. 칼로리는 신경쓰이지만 성분이 1순위는 아닌, 맛있는 탄산을 먹고 싶은 사람은 코카콜라 제로를 선택한다. 운동하면서 성분까지 체크해서 식단을 챙기는 사람들은 나랑드 사이드를 선택한다. 그렇다면 당신의 브랜드는 어디에 기회가 있을까?

첫 번째는 건강한 식단을 만드는 사람들이다. 탄수화물, 단백질

함량까지 계산해 식단을 만들어 공유하고, 어떤 음식이 건강하고 맛있는지 열정을 다해 찾는 사람들의 식단 컷에 올라갈 수 있다.

두 번째는 집에서 예쁘게 먹으려는 사람들이다. 코로나로 사람들은 회식이나 모임을 하는 대신 집에서 식사를 하고, 레스토랑에 가는 대신 홈파티를 열며, 핫플레이스 카페처럼 홈카페를 즐긴다. 이때 그동안 맛집과 카페에서 학습한 플레이팅 감각을 한껏 쏟아낸다. 엄마가 해주던 평범한 한식 집밥도 커틀러리와 테이블매트, 인테리어 식기를 이용해 훌륭한 비주얼의 메뉴로 재탄생시킨다.

이 두 장면이 소셜 빅데이터 분석을 통해 제안한 제로탄산 신제품의 새로운 씬이다. 즉 집에서 건강한 음식을 만들어 먹는 장면과, 친구들과 건강한 음식으로 홈파티를 여는 흥겨운 장면이다. 이 두 씬은 실제로 광고화되었다. 전통의 탄산음료 브랜드가 신제품을 출시하면서 가장 중요하게 생각한 것은 커뮤니케이션의 디테일이었다. 10년 전에도 제로탄산 브랜드를 출시했지만 지금처럼 큰 호응을 얻지는 못했다. 그때는 지금과 달랐으니까. 건강에 대한 사람들의 생각, 관심, 니즈 모두 달랐을 것이다.

이 광고가 2021년에 공감을 얻은 이유는 우리 브랜드를 둘러싼 커다란 라이프스타일, 즉 건강에 대한 사람들의 달라진 정서를 파악했고, 그 안에 우리 브랜드가 놓일 수 있는 씬을 포착해낸 결과이기 때문이다. 개념은 바뀌지 않지만, 키워드에 대한 정서는 변화한다. 변화하는 정서를 세밀하게 포착하고 사람들의 마음을 객관화하여 공감할 때, 오래도록 사랑받는 브랜드가 된다.

브랜드에도 스탠스가 요구된다

사람을 표현하는 형용사 가운데 가장 흔하게 쓰이는 말이 '예쁘다' 아닐까? 그런 우리의 오랜 말 습관을 제치고 '멋있다'는 표현이 더 크게 증가했다는 사실이 놀랍다. '멋있다'라는 형용사가 주목받는 현상은 우리의 기준이 뉴트럴하게 바뀌고 있음을 시사한다. 더불어 앞서 언급했듯이, 평가 기준이 남들을 만족시키는 것에서 내가 만족하는 것으로 변화하는 현상을 반영한다.

패션스타일 언급에서도 '여성스러움', '여리여리함', '우아함', '귀여움' 등이 줄었다. 여리여리 부러질 듯한 소녀미의 아름다움이 아니라 '캐주얼', '꾸안꾸', '젠더리스' 등 여성스러움과 사뭇 느낌이 다른, 과하지 않은 꾸밈을 원한다. 젠더리스가 뜬다는 것은 말 그대로 남성이냐 여성이냐의 구분이 큰 의미가 없다는 뜻이다. 여성이 남성 같아지거나, 남성이 여성 같아지는 게 아니다. 사회적으로 주입받은 여성스러움 혹은 남성스러움을 넘어, 나는 나답게 살겠다는 의지다. 젠더리스를 말하는 사람들은 자신이 멋있다고 느끼는 그 모습에 만족하고, 그것이 나답다고 생각한다. 마찬가지로 노브라에 대한 관심이 높아지는 데에도 다른 사람들이 만들어놓은 잣대와 기준에서 벗어나 나의 판단대로 선택하겠다는 의지가 엿보인다.

이런 기조가 '멋있다'에서도 엿보인다. 과거에 멋있는 사람은 늘 '오빠'였다. 그런데 이제는 '언니'가 멋있다. 여성스러운 언니가 아니라 멋진 언니다. 나아가 진짜 나이가 많아서 언니라기보다는, 자기 분야에서 인정받으며 소신도 있고 당당해서 '언니'다.

〈패션 스타일 언급량 및 관심 증가율 매트릭스〉

	관심 감소	관심 유지	관심 증가
언급량 많음	페미닌, 러블리	빈티지, 레이어드, 고급진, 심플, 럭셔리, 깔끔	**캐주얼, 클래식, 베이직**
관심 중간	스타일리시, **여리여리, 여자여자,** 보헤미안, 댄디	프렌치, 샤랄라, 아메카지, 시크, 격식	**미니멀, 꾸안꾸**
관심 적음	도시적, 컨템포러리, 에스닉, **귀여운,** 어려 보이는, 놈코어	애슬레저, 비즈니스 캐주얼	뉴트로, 인스타감성, **노브라, 젠더리스,** 하이틴 스타일

출처 | 생활변화관측소, 2017.01.01~2020.06.30

"진짜 멋지다. 연경 언니를 보면 멋지지 않다고 느끼는 사람이 있을까? 팀원을 이끌고 그 무게를 감당하며 세계 무대에서 자신을 돋보이는 연경 언니를 보며 나도 저런 영향력이 있는 사람이 될 수 있을까라는 질문을 내 자신에게 하게 되었다. 그냥 멋지다… 라고 보고만 있는 게 아니라 나도 저 위치에 가야겠다라고 다짐하며 꿈을 키우게 된다."

'연경 언니'는 최고의 실력, 후배들을 챙기는 리더십, 인간성, 유머러스함을 두루 갖춘 인물로, 멋진 언니의 대표주자가 되었다.

힘든 상황 속에 열린 2020 도쿄 올림픽에서는 이전 세대와는 결이 다른 MZ세대의 멋진 모습이 다양하게 조명되었다. 사람들이 뭐라 하든 당당하게 자기 페이스를 유지하는 모습, 죽기 살기로 메달만을 목표로 하던 과거와 달리 담담한 모습이 주목받았다.

메달을 위해 희생하지 않고, 자신의 건강을 우선시하는 모습도 세계적으로 화제가 되었다. 체조 여왕 시몬 바일스는 "세상이 우리에게 원하는 것을 하기보다 우리의 마음과 몸을 보호해야 한다. 나는 나의 정신건강에 집중하고 나의 건강과 안녕을 위험에 처하게 하지 말아야 한다"고 하며 기권했다. 오늘날의 시대감성이 완벽함, 결과, 다른 사람의 시선과 판단보다는 노력, 과정, 자신의 만족, 멋짐과 영향력, 솔직함을 중요시한다는 사실을 단적으로 보여주는 발언이었다.

동료와 팬들도 이 발언을 지지했다. 그의 후원사인 아틀레타(Athleta)도 "우리는 바일스를 지지하고, 그녀의 경기 안팎에서 그녀의 웰빙을 지원한다"는 성명을 발표했다. 그가 최고의 자리에 오르기까지 얼마나 노력했는지 알고 있음은 물론 그의 가치관을 잘 이해하며, 더불어 그에 대한 브랜드의 입장(stance)이 얼마나 중요한지 알고 있기 때문일 것이다.

브랜드의 입장이라는 것은 무엇일까? 자신과 관계 있는 사회적, 정치적 이슈에 침묵하는 브랜드도 있고, 의사를 밝히는 브랜드도 있다. Z세대는 이러한 입장을 중시한다. 시몬 바일스의 기권을 공개 지지한 아틀레타처럼 자신의 분야에서 일어나는 사안에 목소리를 내는 브랜드를 선호한다.

　Z세대는 다른 세대에 비해 그 회사와 브랜드의 역사, 태도, 철학과 믿음을 더 많이 고려한다. 특정 브랜드가 어떤 과거를 거쳐 지금

〈전체 세대 vs. Z세대 브랜드 연관속성〉

전체 세대			Z세대		
순위	연관어	비중	순위	연관어	비중
1	가격	37.60%	1	가격	31.30%
2	품질	21.80%	2	품질	18.40%
3	제조사	8.20%	3	제조사	8.20%
4	디테일	7.30%	4	스타일	8.00%
5	스타일	5.10%	5	디테일	6.70%
6	마케팅	4.90%	6	**역사**	**6.20%**
7	역사	3.70%	7	마케팅	6.10%
8	로고	3.30%	8	로고	3.90%
9	고객서비스	2.60%	9	**태도**	**3.40%**
10	대표	1.70%	10	고객서비스	2.70%
11	태도	1.40%	11	**유산**	**1.40%**
12	유산	0.90%	12	**신념**	**1.20%**
13	신념	0.60%	13	명성	1.20%
14	명성	0.50%	14	대표	1.10%
15	브랜드가치	0.40%	15	**철학**	**0.30%**

출처 | 생활변화관측소, 2018.01.01~2020.05.31

에 이르렀는지, 어떤 철학과 믿음을 갖고, 어떤 태도로 세상과 소통해왔는지가 이들에게는 매우 중요하다. 일례로 러쉬는 환경문제에 진심인 브랜드로 알려져 있다. 브랜드 초창기부터 쓰레기를 줄이기 위한 낫랩 활용, 100% 재활용 가능한 블랙팟 모으기, 동물실험 반대 등의 캠페인을 지속해왔다. 환경과 사람 모두에게 유해하지 않은 화장품을 만들겠다는 철학 위에 오랜 시간 이어온 실천이 쌓여, 환경 문제에 진심인 브랜드라는 명성을 얻게 된 것이다.

이렇게 자신의 분야에서 확고한 철학을 갖고, 그 입장을 명확히 밝혀온 브랜드로 나이키를 빼놓을 수 없다. 오래전부터 상품이 아닌 스포츠맨십의 철학과 가치를 세계관으로 만들어 풀어낸 나이키는 특히 사회문제에 대해 생각할 거리를 던져주는 커뮤니케이션으로 유명하다. 그래서인지 나이키는 오랜 역사에도 불구하고 늘 당대의 젊은이들에게 사랑받는다. 최근에는 여성에 대한 고정관념에 저항하는 메시지를 꾸준히 던져 지지를 얻고 있다.

2021년 광고 캠페인인 'Play New' 시리즈는 마치 스포츠라는 것에 새로운 물음을 던지는 듯하다. 한국사회의 병폐인 서열 문제와 권위라는 이름으로 자행되는 폭력 등 스포츠계의 부조리를 끄집어내, 스포츠 본연의 즐거움이라는 새로운 기준을 제시한다.

"나이키만큼 사회적 편견에 대해 도전하는 브랜드는 없을 것 같다. 인종, 젠더 등의 이슈에 과감히 질문하는 나이키, 사람들이 나이키니까 가능한 거 아닌가요?라고 쉽게 말하지만 브랜드 자산이 클수록 리스크를 피하는 것이 보통이다. 브랜드의 사회적 가치에 대해 고민하게 해준 #나이키"

"와 진짜 나이키는 그냥 제품 파는 광고가 아니라 시대정신과 스포츠 쉽이 느껴지는 예술작품이다. 거기에 음악까지 조화로움을 보면 진짜 브랜드를 만드는 건 이런 거지 않을까? 한국의 고질적인 체육계 문제를 끄집어 올렸다. play new 우리는 또 그 문제를 받아들이고 고치고 더 나아가야 한다. 그럴려면 언제까지 기다리는 게 아니라 우리 때부터 바꾸겠다고 생각해야 바꿀 수 있다. 나이키가 뼈 때린 만큼 체육계 환골탈태하기를"

나이키를 구매한다는 것은 바로 이러한 메시지에 대한 동의, 연대, 지지를 의미한다.

브랜드를 통해 신념의 연대를 이룰 수 있다는 것은 브랜드 입장에서 꽤나 자랑스러운 일일 것이다. 우리 브랜드는 어떤 신념을 지지하는가? 그 신념을 지지하는 방식은 어떠한가? 일관되면서도 시대가 원하는 메시지를 전달하고 있는가? 우리 브랜드가 구축한 세계관에 동의하는 사람들이 존재하는가? 스스로 물어볼 차례다. 그것이 브랜드의 자아 찾기다.

사람들이 불안함 속에 몸과 마음을 관리하며 열심히 자아를 찾아나서는 것처럼, 브랜드도 자신의 철학을 세우고, 그에 대한 입장을 분명히 해야 한다. 입장을 표명하는 언어도 갈고닦아야 한다.

"세상이 우리에게 원하는 것을 하기보다
우리의 마음과 몸을 보호해야 한다.
나는 나의 정신건강에 집중하고
나의 건강과 안녕을 위험에 처하게 하지 말아야 한다."

— 시몬 바일스(Simone Biles), 체조선수

코로나로 마주하게 된, 외면하고 싶었던 현실의 불안과 비루함을 우리는 비로소 인정하게 되었다. 이 지난한 과정에는 더 관리하고, 노력하고, 과정을 즐기고 싶은 사람들의 욕망이 꿈틀댄다. 그들의 노력을 응원하고, 정서의 변화를 포착하고, 새로운 기준을 습득하자. 사람들의 자아 찾기 여정에 우리 브랜드가 올라탈 기회는 얼마든지 있다.

우리 브랜드는 과연 시대감성에 부합하는가?

자아 찾기를 위해 명상의 시간이 필요하듯, 우리 브랜드의 결이 시대감성에 어긋나지 않는지부터 파악해보자. '우리 브랜드는 과연 시대감성에 부합하는가?' 이 물음에서 시작하자.

시대감성을 포착하자

시대감성을 모르겠으면 배워야 한다. 정서의 변화, 언어의 변화, 기준의 변화를 계속해서 배워야 공감이 객관화된다. 그때 비로소 커뮤니케이션의 디테일도 살아난다.

시대감성의 가장 큰 키워드는 '나'

나의 노력이, 나의 습관이, 나의 만족이, 나의 재미가, 나의 과정이, 나의 평가가, 나의 신념이 중요하다. 가장 큰 기준이 '나'로 변화하고 있음을 기억하자.

PART 3.

소통방식의 변화

Chapter 6.

디지털 플랫폼의
아날로그 소통법

—————— 조민정 ——————

멤버십과 뉴스레터, 라이브 방송이 뜨고 있다.

사실 이 셋은 기존에 없던 개념이 아니다.

멤버십은 회원제, 뉴스레터는 편지, 라이브 방송은 생방송이라는

오래된 개념이 디지털 플랫폼을 만나 재해석된 것들이다.

디지털 플랫폼이 들어왔을 때 브랜드와 소비자가 맺던

기존의 아날로그적 관계 맺기 방식은 어떻게 변주되어야 할까?

컬리패스는 되고 스마일클럽은 안 된 이유, 멤버십의 비밀

'멤버십'이라는 키워드에 무엇을 떠올리는지에 따라 사람들을 두 가지 유형으로 나눌 수 있다. 통신사 멤버십을 떠올리는 집단과 네이버멤버십을 떠올리는 집단. 전자는 속칭 '옛날 사람'이고 후자는 '요즘 사람'이다. 그만큼 '멤버십'은 최근 들어 인식이 많이 변화한 키워드 중 하나다.

'멤버십'이 변하고 있다. 기존의 멤버십은 통신사 혜택의 일환으로 '공짜'로 얻거나, 있으면 좋고 없어도 상관없는 '부가 서비스'였다면, 최근의 멤버십은 '유료'로 돈을 내고 차별화된 혜택을 받는 쪽으로 변하고 있다.

소셜 빅데이터에서 '멤버십'에 대한 언급은 2016년 이후 최근까지 4.8배 증가했다. 멤버십에 대한 관심은 꾸준히 커지다가 2019년에 배 이상 급상승하더니, 코로나 이후에도 그 관심을 이어가고 있다. 멤버십 연관어로 보는 세대 구분 또한 데이터로 확인할 수 있

〈'멤버십' 언급 추이〉

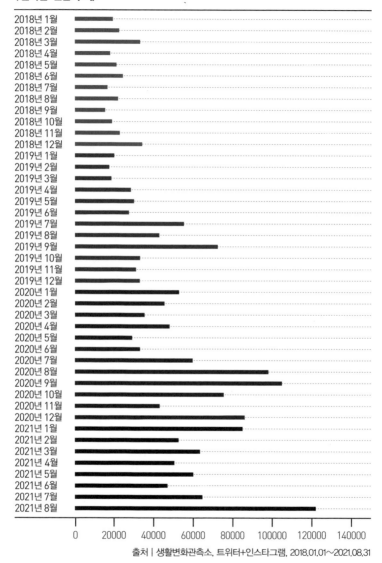

2018년 1월
2018년 2월
2018년 3월
2018년 4월
2018년 5월
2018년 6월
2018년 7월
2018년 8월
2018년 9월
2018년 10월
2018년 11월
2018년 12월
2019년 1월
2019년 2월
2019년 3월
2019년 4월
2019년 5월
2019년 6월
2019년 7월
2019년 8월
2019년 9월
2019년 10월
2019년 11월
2019년 12월
2020년 1월
2020년 2월
2020년 3월
2020년 4월
2020년 5월
2020년 6월
2020년 7월
2020년 8월
2020년 9월
2020년 10월
2020년 11월
2020년 12월
2021년 1월
2021년 2월
2021년 3월
2021년 4월
2021년 5월
2021년 6월
2021년 7월
2021년 8월

0   20000   40000   60000   80000   100000   120000   140000

출처 | 생활변화관측소, 트위터+인스타그램, 2018.01.01~2021.08.31

소통방식의 변화

〈2016년 vs. 2020년 '멤버십' 연관어 순위〉

	2016년		2020년
1	할인	1	할인
2	카드	2	혜택
3	고객	3	회원
4	영화	4	가입
5	혜택	5	서비스
6	회원	6	쿠팡
7	가입	7	쿠폰
8	포인트	8	카드
9	무료	9	고객
10	쿠폰	10	프로모션
11	디자인	11	신규
12	데이	12	무료
13	CGV	13	유튜브
14	스타벅스	14	피트니스
15	공짜	15	배송
16	매거진	16	네이버
17	신라호텔	17	포인트
18	라운지	18	결제
19	호텔	19	프리미엄
20	학교	20	이용

출처 | 생활변화관측소, 2016.01.01~2016.12.31 vs. 2020.01.01~2020.12.31

다. 2016년의 '멤버십' 연관어는 '카드', '무료', '공짜', '매거진'인 반면, 2020년에는 '쿠팡', '유튜브', '네이버' 같은 플랫폼의 이름이 함께 언급되는 '프리미엄' 서비스로 인식된다. 다시 말해 지금의 멤버십은 비용을 지불하고 차별성 있는 프리미엄 서비스를 받는 것으로 변화하고 있는 것이다.

소비자들은 나의 편의를 위해, 특별한 소속감을 위해, 다른 이들은 쉽게 접하지 못하는 콘텐츠를 위해 기꺼이 돈을 지불한다. 특히 아이돌 유료 팬클럽의 이름이 '멤버십'으로 바뀌는 것과 최근 온라인 쇼핑몰을 중심으로 '혜택 멤버십'이 확대되는 것은 소비자들도 이러한 방식을 받아들일 준비가 되었음을 의미한다. 말하자면 멤버십은 내가 좋아하는 브랜드에 기꺼이 돈을 내고 특별한 회원이 되겠다는 선언인 셈이다.

필자가 멤버십에만 나가는 돈을 계산해봤다. 유튜브 프리미엄과 넷플릭스, 왓챠, 웨이브, 티빙, 리디북스와 네이버시리즈, 애플뮤직과 바이브, 쿠키런 킹덤과 카트라이더 같은 개인 여가용에서 네이버멤버십, 캐럿, 헤이조이스나 퍼블리 같은 직무 관련 플랫폼까지 온갖 멤버십 비용이 가계부의 큰 비중을 차지하고 있었다. 그렇다고 이 소비들이 내가 구입한 것에 부가적으로 딸려왔는가? 아니다. 내가 어차피 볼 콘텐츠이고 어차피 쓸 돈이라 생각하기 때문에 가장 많은 혜택을 누릴 수 있도록 '팟'을 모으는 서비스에 직접 가입하여 사용하는 것이다. 필자와 비슷한 생각을 가진 사람들이 꽤나 많기 때문에 넷플릭스 커뮤니티인 4플릭스(4Flix)나 계정공유 플랫폼인 피클플러스 같은 서비스도 성황을 이루고 있다.

멤버십이 부가혜택에서 프리미엄 서비스로 변화했다면, 이러한 멤버십 브랜드는 프리미엄 고객의 이탈을 막기 위해 어떠한 록인 (lock-in) 전략을 취하고 있을까?

유료 멤버십 회원제를 운영하는 대표적인 브랜드로 콘텐츠 스트리밍 서비스를 제외하면 네이버플러스 멤버십, 쿠팡 로켓와우, 마켓컬리의 컬리패스 등이 있다. 네이버플러스는 네이버를 통해 쇼핑할 경우 결제금액의 일정 퍼센티지를 적립해 다음 쇼핑 때 현금처럼 쓸 수 있도록 한다. 이 퍼센티지가 높다는 것도 장점이지만, 여러 혜택 중에서도 가장 중독적이고 매력적인 부분은 웹툰과 웹소설, 오디오북 같은 디지털 콘텐츠 이용권을 매달 준다는 것이다. 최근에는 티빙과도 제휴를 맺으며 콘텐츠 혜택 제공에 더욱 힘을 쏟고 있다.

쿠팡의 멤버십 로켓와우는 한 달에 2900원만 내면 로켓배송 상품 하나만 사도 무료 배송해주고, 낮에 주문하면 새벽에, 아침에 주문하면 저녁에 배달해주는 등 하루 내 도착을 보장한다. 거기다 쿠팡플레이라는 OTT 서비스를 얹어 내가 쓴 돈 이상으로 돌려받는다는 느낌을 준다.

네이버플러스의 콘텐츠 이용권이나 쿠팡의 OTT 서비스처럼, 일상의 루틴 안에 자리잡아 끊어내기 어려운 소비 영역의 브랜드와 손을 잡는 것이 최근의 록인 전략이라 할 수 있다. 그렇다면 어떤 브랜드와 손잡을 것인지가 중요해진다. 더 자주, 더 많이 소비하게 만드는 것이 목적인데, 함께하는 브랜드가 그런 매력이 없다면 효과가 없을 테니 말이다. 네이버와 티빙의 결합이 효과적이었던 것에는 이유가 있다. (물론 장기적으로는 스스로 그런 브랜드가 되어야 할 것이다.)

멤버십이 가장 간편하게 추가할 수 있는 서비스라 하면 무제한을 꼽을 수 있겠다. 하지만 2장에서 살펴보았듯이 이제는 무제한이 더이상 매력적이지 않다. 언급량이 줄어드는 와중에 특히 통신(알뜰, 느리다), 식음(부담, 필요 없다), 콘텐츠(제한 있다)에서 두드러지게 나타나는 '무제한'에 대한 부정적 인식은 소비자들이 무제한이라는 키워드에 더이상 넘어가지 않음을 의미한다. 오히려 오늘날의 무제한은 마음속에 미묘한 '낭비'로 인식된다.

소비자들은 무제한 서비스에 혹하지 않고 자신의 소비 패턴과 맞는 부분만 꼼꼼하게 따져 저렴한 제한을 찾아 쉽게 갈아탄다. 네이버플러스 멤버십은 똑똑하게 여러 가지 서비스를 펼쳐놓고 소비자가 매달 선택하여 혜택을 받을 수 있게 함으로써 긍정적인 반응을 얻는 것은 물론 추가적인 결제도 창출하고 있다. 이제 소비자들은 정확히 자신이 필요로 하는 양을 찾지, 가늠할 수 없는 무제한을 찾지 않는다.

손쉽게 소비자를 록인하는 또 하나의 방법은 무료배송이나 추가적립 등의 혜택을 제공하는 것이다. 엄청나게 새로운 방식은 아니고, 지마켓 등 기존의 대기업은 물론 마켓컬리 등에서도 두루 시행하는 멤버십 혜택이다. 그런데 흥미로운 점은 마켓컬리의 컬리패스만 유독 잘나간다는 것이다. 다른 쇼핑몰의 멤버십 전략과 내용 면에서 큰 차이가 없는데 컬리패스만 잘되는 이유가 뭘까? 바로 소통방식의 차별성이다.

컬리패스는 월 4500원, 지마켓의 스마일클럽은 연 3만 원을 지불하면 무료배송이나 할인 혜택을 받을 수 있다. 1년의 비용을 따져보면 스마일클럽이 당연히 더 저렴하다. 그런데 의외로 사람들은 월결제에 더 열려 있다. 멤버십의 결제 단위가 1만 원을 넘는 순간, 연이든 월이든 관계없이 부담스럽다고 느끼는 것이 사람의 심리다.

또한 마켓컬리는 대형 플랫폼인 자신을 마치 한 명의 인간인 것처럼 '컬리'라 칭하고, 마켓컬리 이용자들이 특별한 사람인 것처럼 부른다. 특별한 혜택을 제공하지 않고도 '컬리 멤버'라는 것만으로 이미 특별한 집단인 것처럼 지칭한다. 이 지점에서 스마일클럽과 마켓컬리의 차이가 난다. 스마일클럽은 '최고의 혜택을 받는 쇼핑 멤버십'을 지향한다. 내가 스마일클럽의 이너서클이 되더라도 특별한 느낌 없이, 남들과 다름없는 '쇼퍼 1'이라 여겨지게 하는 반면, 컬리패스를 결제하는 나는 특별한 서비스와 나만을 위한 특별한 혜택을 받고 있다고 여기게끔 지속적으로 커뮤니케이션을 송출한다. 컬리를 이용하는 사람, 그중에서도 컬리패스 멤버십에 속한 사람으로 하여금 혜택을 노리고 멤버십에 들어온 것이 아니라 '훌륭한 식재료를 꾸준히 구매하는 안목 있는 소비자'가 된 듯한 느낌

남들에게 다 주는 똑같은 서비스,
있어도 그만 없어도 그만인
자잘한 서비스가 아니라
프리미엄 서비스를 누리고 있다는 느낌을
확실히 받게끔 해야 한다.

을 지속적으로 주는 것이다.

현재 소비자들이 멤버십에 바라는 지점도 이러한 것이다. 남들에게 다 주는 똑같은 서비스, 있어도 그만 없어도 그만인 자잘한 서비스가 아니라 프리미엄 서비스를 누리고 있다는 느낌을 확실히 받게끔 해야 한다.

가장 개인적이고 가장 전문적인 비밀 이야기 : 뉴스레터

뉴스레터에 대해서는 《2021 트렌드 노트》에서도 한 차례 이야기한 바 있다. 커다란 정보광장에서 구체적인 키워드를 지정해 스스로 정보를 발굴해야 하는 소셜미디어 세계와 정반대로 뉴스레터는 사적인 커뮤니케이션 감각을 표방한다. 내가 관심 있는 주제만 설정하면 그에 맞는 흥미로운 이야기를 개인 이메일로 전달해줌으로써, '믿을 만한' 정보를 먼저 제공하고 검증은 구독자에게 맡기는 시스템이다.

2021년에도 수많은 뉴스레터 서비스가 만들어지고 사라졌다. 일회성 정보나 흥미 위주의 콘텐츠는 금세 사라졌고, 바쁜 시간을 쪼개서라도 채우고 싶은 정보를 정확히 전달하는 뉴스레터는 살아남았다.

'디지털 라이프'를 이야기하는 이 챕터에서 다시 뉴스레터를 꺼내온 이유는, 브랜드가 뉴스레터라는 방식과 이메일이라는 플랫폼

〈'뉴스레터' 언급 추이〉

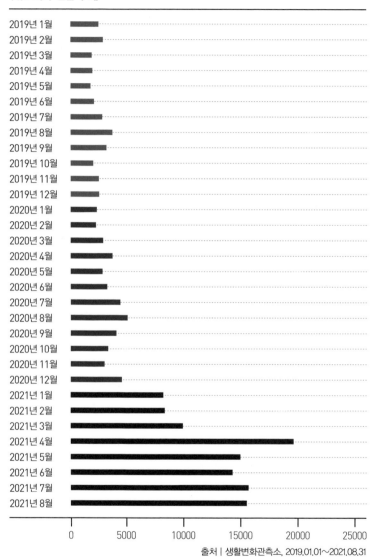

2019년 1월	
2019년 2월	
2019년 3월	
2019년 4월	
2019년 5월	
2019년 6월	
2019년 7월	
2019년 8월	
2019년 9월	
2019년 10월	
2019년 11월	
2019년 12월	
2020년 1월	
2020년 2월	
2020년 3월	
2020년 4월	
2020년 5월	
2020년 6월	
2020년 7월	
2020년 8월	
2020년 9월	
2020년 10월	
2020년 11월	
2020년 12월	
2021년 1월	
2021년 2월	
2021년 3월	
2021년 4월	
2021년 5월	
2021년 6월	
2021년 7월	
2021년 8월	

출처 | 생활변화관측소, 2019.01.01~2021.08.31

을 통해 어떻게 소비자들에게 접근했는지를 다시 한 번 살펴볼 필요가 있기 때문이다.

뉴스레터는 이메일의 등장과 함께했으니 사실 오래된 매체다. 과거에는 신문으로 봐야 했던 뉴스를 나의 우편함에 꽂아준다는 개념으로 많이 사용됐고, 실제로 그러한 방식으로 브랜드 소식을 전달하는 광고형 뉴스레터가 판을 쳐 사람들이 이메일에서 멀어지게 만들었다. 그래서 어느 정도 나이가 있는 세대는 지금에 와서야 뉴스레터가 주목받는다는 이야기가 굉장히 의아했을 수도 있다. 하지만 스마트폰을 사용하며 자란 MZ세대에게는 이메일이 오히려 친숙하지 않다. 대학이나 회사에 가서야 메일을 본격적으로 접하게 되는 터라 뉴스레터라는 구독 시스템이 새로운 세대에게 오히려 새롭게 다가갔다는 해석이 있다. 그래서인지 뉴스레터를 회사용 계정으로 받는 사람들도 적지 않다. 레터가 전하고자 하는 전문적 깊이와 내용, 필요성에 따라 회사 메일로 받기도 하고 개인 메일로 받기도 하며 거름망을 설치하는 것이다.

뉴스레터는 거대한 플랫폼 또는 브랜드가 다수의 개인에게 다가가는 구조이지만, 최근 대다수의 뉴스레터들은 개인에게 1대 1로 느껴지는 대표적인 매체이며 그래야만 하는 매체가 되었다. 즉 오랫동안 브랜드들이 시도해왔던 '브랜드의 광고를 전달해드려요'라는 화법에서 벗어나 'A라는 개인(브랜드 페르소나)이 이렇게 유용한 정보를 드려요'라는 방식으로 접근해야 한다는 이야기다.

뉴스레터를 구성하는 큰 축 가운데 하나인 피드백도 뉴스레터를

1대 1 소통으로 느끼게 하는 데 한몫한다. 최근 뉴스레터를 자세히 보면 구독취소(unsubscribe) 기능 바로 위에 대개 어떤 내용이 좋았는지, 별로였는지 직접 이야기해달라는 피드백 창구가 있다. 아니면 '좋아요/별로예요' 버튼을 누르는 간단한 피드백이라도 받고자 하는데, 이러한 작은 장치들이 마치 개인적으로 소통하고 있다는 느낌을 받게 한다.

내가 직접 홈페이지에 들어가서 불만이나 고쳐야 할 사항을 일일이 입력하는 것은 거대한 브랜드의 보이지 않는 CS창구에 이야기하는 듯한 느낌이 든다. 똑같이 '감사합니다. 빠르게 처리하겠습니다'라는 답변을 받아도 어쩐지 자동답변처럼 성의 없게 느껴지는 것이다. 그러나 이메일은 본질적으로 '편지'다. 1대 1 소통을 전제한 매체다. 그래서인지 내 메일함에 온 뉴스레터에 대해 피드백하는 것은 '편지'를 보내준 개인에게 답장하는 듯한 감각을 준다. 그러므로 뉴스레터는 더욱더 개인인 '척'을 해야 한다. 1대 1로 다가가야 한다.

누구나 생산자가 될 수 있지만, 누구나 플랫폼은 될 수 없다 : 라이브 방송

라이브 방송이 화제가 되고 있다는 사실은 2021년을 살았던 대한민국 국민이라면 모두 느꼈을 것이다. 특히 비대면으로 모든 것

〈'라이브 방송' 언급 추이〉

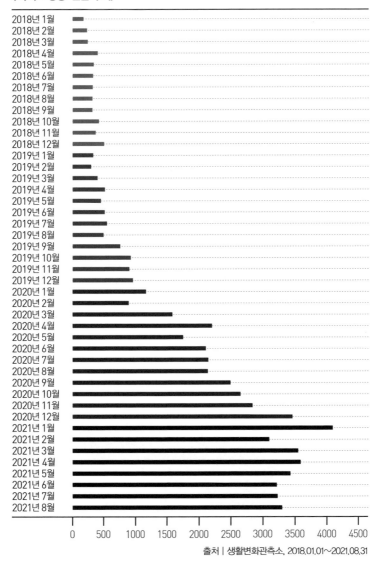

출처 | 생활변화관측소, 2018.01.01~2021.08.31

을 해결해야 하는 코로나 시국에 라이브 방송은 분야를 가리지 않고, 또 플랫폼을 가리지 않고 확산되었다.

라이브 방송은 최근 3년간 9.2배의 폭발적인 성장세를 이어가고 있다. 특히 코로나 이후 라이브 방송은 학원과 공연장, 낚시터와 노래방, 철학원까지 흡수했다. 시간적으로도 새벽과 저녁 등 하루일과만이 아니라 생일이라는 이벤트도 라이브 방송의 시간이 되었다. 라이브 방송이라 하면 최근 화제가 되었던 무신사 라이브, 배민 라이브, 네이버 라이브와 같이 라이브쇼핑을 먼저 떠올릴 수도 있겠으나, 여기서는 디지털 영상기기를 통해 송출되는 모든 실시간 영상 소통을 의미하기로 한다.

라이브 방송은 아주 예전, TV시대부터 '생방송'이라는 단어로 우리와 오랜 시간 함께했다. 음악방송, 홈쇼핑 등 실시간으로 TV를 통해 송출되었던 콘텐츠는 '생방송'으로 불렸다. 그러나 과거의 생방송과 현재의 라이브 방송은 몇 가지 차이를 보인다. 이는 시청자들과 관계 맺는 방식의 차이이기도 하다.

실시간성 : 편집이 없는 생각

실시간성은 '라이브 방송'이라는 단어에서 단번에 유추할 수 있는 너무나 쉬운 개념이지만, 한 번 더 짚고 갈 필요가 있다. TV 생방송은 라이브라도 어느 정도 각본이 있는 상태로 진행된다. 반면 최근의 라이브 방송은 일반인의 편집 없는 일상과 생각을 공유하는 장이다. 개인의 솔직한 감성을 담은 유튜브 라이브나 연예인의 브

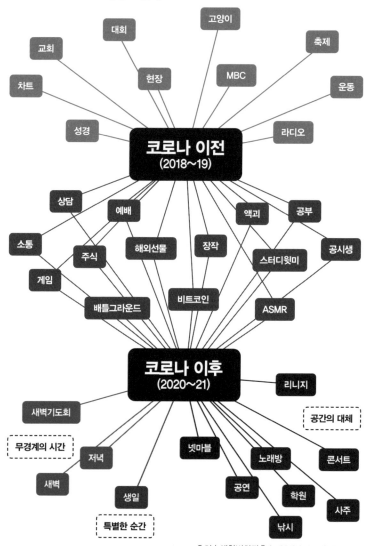

〈코로나19 전후 '라이브 방송' 연관어〉

교회
대회
고양이
축제
차트
현장
MBC
운동
성경
코로나 이전
(2018~19)
라디오

상담
예배
액괴
공부
소통
주식
해외선물
창작
스터디윗미
공시생
게임
비트코인
ASMR
배틀그라운드

코로나 이후
(2020~21)
리니지

새벽기도회
공간의 대체

무경계의 시간
저녁
넷마블
노래방
콘서트

새벽
생일
공연
학원
사주

낚시

특별한 순간

출처 | 생활변화관측소, 2018.01.01~2021.08.31

이라이브 같은 방송에서 예쁘고 웃긴 장면만을 따로 편집해서 보기도 하지만, 대부분은 편집 없이 누군가의 일상을 실시간 공유했다는 사실에서 뿌듯함(?)을 느끼고 나아가 그 사람과의 개인적 유대감을 형성하기도 한다.

즉 오늘날의 라이브 방송은 '편집'을 포기하는 커다란 리스크를 감당함으로써 더 높은 레벨의 *끈끈함*을 보상으로 얻는 콘텐츠다. 거기다 실시간 공유한다는 것은, 상대방의 시간이 나의 시간에 들어오는 동시에 나 역시 그 라이브에 집중하며 나의 시간을 할애하는 행위이기도 하다. 즉 라이브에서 가장 핵심이 되는 것은 '실시간'성이다.

휘발성 : 남기지 않는 기록

휘발성은 최근 라이브 방송 매체로 많이 쓰이는 인스타그램의 핵심적 특성이자 의외로 라이브 방송을 시청하는 이들이 가장 중요하게 짚는 속성이기도 하다. 인스타 라이브는 방송하는 사람이 따로 저장 옵션을 지정하지 않는 이상 방송 종료와 동시에 모든 영상이 사라진다. 라이브를 놓치면 다시는 볼 수 없다는 것을 알기 때문에 좋아하는 사람의 라이브는 알림이 뜨는 순간 바로 들어가서 내 시간을 할애하게 된다.

사라져서 남들은 볼 수 없는 기록을 나는 보아서 알고 있다는 사실은 그 자체로 특별한 경험이 된다. '콘텐츠를 한 번 내보내고 끝이 아니라 다시 돌려볼수록 더 오래 유효한 것 아닌가?'라는 생각이 들 수도 있겠지만, 휘발성이 '리미티드'를 찾는 인간의 본성을 자극해 라이브 방송에 더 몰입할 수 있게 만든다. 우리는 언제나 '한정판'에 쉽게 휘둘려온 존재 아닌가.

또한 Z세대는 스마트폰과 함께 자라난 세대다. 아주 어릴 적부터 수많은 기록을 온라인상에 남기며 자라왔고, 그래서 역설적으로 기록을 남기고 싶어 하지 않는 본능도 존재한다. 라이브 방송은 이런 본능을 훌륭하게 충족해준다.

평등함 : 같은 화면 크기로 보이는 같은 시선

최근 한 조사에서 Z세대는 그 어떤 세대보다 페이스타임과 줌을 많이 활용하는 세대라는 결과가 나왔다. 또한 코로나19 사태 속에 미국에서는 '주머'(Zoomer)라는 신조어가 등장하기도 했다. 1990년대 중반~2000년대 초반 태어난 Z세대가 화상회의 앱인 줌을 즐겨 사용하는 데서 빗댄 표현이다. 줌이나 행아웃(구글미트), 팀스 역시 넓게 보면 라이브 방송의 일환이라 볼 수 있는데, 이러한 미팅 앱들은 지위 고하를 막론하고 모두를 한 프레임, 한 칸 안의 사람으로 만들어 위계를 없애고 1대 1로 평등하고 편하게 소통하게 해준다. 대부분의 라이브 방송이 방송자와 다수의 시청자가 댓글로 소통하는 방식이라면, 이러한 미팅형 라이브 소통은 완벽하게 1대 1로 몰입할 기회를 준다.

라이브 방송은 앞으로의 시장성을 높게 평가받는 콘텐츠 중 하나다. 그런데 재미있는 사실은, 라이브를 보는 주체도 개인이고 방송하는 주체도 개인으로 확장되었지만, 사실 이 방송을 송출할 수 있는 곳은 네이버, 인스타그램, 구글과 같은 거대 미디어 플랫폼뿐이라는 것이다. 라이브 방송은 지금까지 이야기한 모든 콘텐츠 가운데 개인과 개인의 연결성이 가장 강하게 느껴지지만, 사실은 거대한 플랫폼이 있어야 가능한 유형의 콘텐츠다. 플랫폼과 브랜드가 수면 위로 떠오르지 않았을 뿐 플랫폼의 영향력이 강력한 형태의 소통이다.

개별 브랜드가 직접 이러한 플랫폼이 되기는 현실적으로 어렵다. 이미 구축된 플랫폼들이 막강한 마당에 신규 진입해서 라이브의 강자 플랫폼으로 자리잡기는 결코 쉽지 않다. 이 때문에 아무리 거대한 브랜드라도 독자적인 송출 시스템을 만드는 대신 기존의 플랫폼 안에서 하나의 개인이 되어 콘텐츠를 만들어가야 한다. 그 결과 어느 과수원의 사과 판매자와 매일유업이 네이버 라이브쇼핑에서 똑같이 한 칸을 차지하고 각자 소비자들에게 어필해야 하는 상황이 벌어지고 있다.

디지털 플랫폼과 아날로그 관계 맺기의 융합

지금까지 살펴보았듯이 멤버십과 뉴스레터, 라이브 방송은 기존에 없던 것이 아니다. 멤버십은 회원제, 뉴스레터는 편지, 라이브 방송은 생방송이라는 오래된 개념이 디지털 플랫폼을 만나 재해석

	브랜드와 개인의 관계	발신하는 소통방식	개인이 느끼는 소통방식	브랜드 이미지
멤버십	플랫폼이 판을 깔면, 브랜드와 개인이 관계를 맺는 방식	1:다수	1(브랜드):다수(개인)	나에게 필요하고 프리미엄 가치를 줄 수 있는 브랜드
뉴스 레터	브랜드가 플랫폼이 되어 소비자와 직접 관계 맺는 방식	1:다수	1(개인):1(개인)	개인처럼 다가가는 브랜드
라이브 방송	플랫폼이 판을 깔면, 브랜드(개인)와 개인이 관계를 맺는 방식	1:1	1(개인):1(개인=브랜드)	가감없이 솔직하게 보여주는 브랜드

〈멤버십의 관계〉

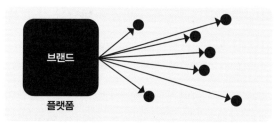

〈뉴스레터의 관계〉

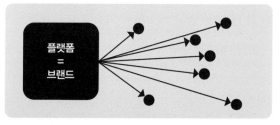

〈라이브 방송의 관계〉

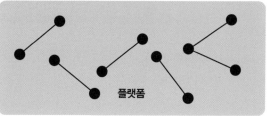

된 것들이다. 디지털 플랫폼이 들어왔을 때 기존의 아날로그적 관계 맺기 방식은 어떻게 변주되어야 할까? 즉 핵심은 '관계 맺기의 재해석'이다.

멤버십은 플랫폼이 판을 깔면 브랜드들이 각 개인과 1대 다수의 관계를 맺는 방식이다. 그 과정에서 플랫폼과 브랜드는 자신의 거대함을 지우고 어떻게 개인처럼 느끼게 할지 고민하게 된다. 단순히 소속감을 넘어 개인이 플랫폼과 브랜드를 어떠한 '사람'으로 느끼고 있는지, 소비자들과 어떠한 소통방식을 취해야 하는지, 캐릭터의 톤앤매너를 유지할 수 있는지가 중요한 문제다.

뉴스레터는 플랫폼과 브랜드가 동일하고, 자신이 하고 싶은 이야기를 소비자들에게 일방적으로 전달한다. 그런데 재미있게도 소비자는 1대 1 소통처럼 받아들인다. 면으로 이루어진 관계이지만 선처럼 느끼는 관계라고 비유할 수도 있겠다. 그러므로 뉴스레터는 브랜드가 개인처럼 느껴지도록 페르소나를 유지하고 피드백을 적극적으로 반영하는 것이 콘텐츠만큼이나 중요하다. 실제 발신하는 방식과 소비자가 느끼는 소통방식에 차이가 있다는 점에서 커뮤니케이션의 방식이 가장 큰 변수가 되는 관계라고도 할 수 있겠다. 뉴스레터가 쏟아지는 시대에서는 구독자와 라포를 잘 형성한 브랜드만이 살아남을 수 있다.

라이브 방송은 플랫폼이 드러나지 않고 1대 1 소통을 지향하는 것 같지만 실상 가장 거대한 플랫폼이 존재하는 관계 방식이다. 예전의 라이브 방송이 커다란 플랫폼이 일방적으로 전달하는 뉴스에

내가 소비하는 콘텐츠,
내가 관계 맺는 플랫폼이 무엇인지가
나를 정의하는 시대다.

가까웠다면, 지금의 라이브 방송은 개인이 개인에게 전달하는 입소문과도 비슷하다. 사람들은 당연히 후자에 좀 더 친숙함을 느끼고 끈끈한 유대관계를 맺을 수 있지만, 브랜드로서는 한 개인으로서 자신의 모습을 어디까지 가감 없이 보여줄 수 있는지 고민할 수밖에 없다.

브랜드와 플랫폼, 개인 간 소통방식의 역할을 이해하는 데 플랫폼에 대한 개념적 접근이 힌트가 될지도 모르겠다. 사전적 정의로는 'plat(구획된 땅)+form(형태)'으로, 경계가 없던 땅에 구획을 나눈 형태다. 구획된 땅에 도로가 나고 건물이 들어서듯, 용도에 따라 다양한 형태로 이용하는 공간을 플랫폼이라 하는데, 브랜딩과 마케팅 측면에서 볼 때에도 이 정의는 와닿는다. 플랫폼은 브랜드에 하나의 커다란 장이 되어야 한다. 정확히는 돈이 오갈 수 있는 드넓은 장터가 되어야 한다.

예컨대 스타벅스는 단순한 카페를 넘어 하나의 오프라인 플랫폼이다. 스타벅스 테이블에 앉아 어떤 대화가 오가는지 귀 기울여본 적 있는가? 이쪽 테이블에서는 만남이, 저쪽 테이블에서는 보험거래가, 반대쪽에서는 부동산 계약이 이뤄지는 등 커피 마시는 공간 이상으로 다양한 이야기와 거래가 오가는 커다란 장터 역할을 한다.

이러한 '장터'의 개념이 디지털로 옮겨오고 있다. 그리고 개인의 모습이 더 뚜렷하게 드러나는 장이 디지털 플랫폼이다. 내가 소비하는 콘텐츠, 내가 관계 맺는 플랫폼이 무엇인지가 나를 정의하는 시대다. 무엇을 소비자에게 제공할 것인가, 우리 플랫폼을 이용하는 소비자를 어떠한 페르소나를 내세워 어떻게 소중한 개인으로 모실 것인지가 플랫폼과 소비자가 맺어가는 관계의 방식, 더 크게는 이 거대한 소비 생태계를 구성하는 방식으로 자리잡을 것이다.

플랫폼은 소비자에게 개인으로 다가가야 한다

사람들은 플랫폼과 브랜드의 거대함을 알아차리는 순간 거부감을 느낀다. 커뮤니케이션 형태와 방식에서 우리 브랜드는 어떻게 인간화될지, 어떤 방식으로 친근해질지 고민해야 한다.

구체적이고 진솔한 콘텐츠가 결국은 정도(正道)다

똑똑해진 소비자들은 가벼운 눈속임에 속지 않는다. 정확히 자신이 필요한 것을 찾아 서비스를 이용하고 콘텐츠를 소비함으로써 전문적이고 차별화된 집단에 소속되기를 바란다. 그들에게 우리 브랜드의 콘텐츠를 어떻게, 어디까지 솔직하게 보여줄 수 있는가? 이것이 브랜드의 생명력을 결정할 것이다.

Chapter 7.

문화의 세대,
문화의 단위로 소통하라

―――――― 정석환 ――――――

검색을 통해 답을 구하고 포털사이트 메인화면에서 트렌드를 얻어가던 시절이 있었다.

이제 트렌드라 하는 것과 그것을 주도하는 세대에 대해 알려면

인터넷 밈에 대해 반드시 알아야 한다. 디지털 그리고 SNS 덕에

정보와 문화의 유통이 쉬워지면서, 문화는

소위 '밈'이라는 단위로 빠르게 복제되고 확산된다.

오늘날 다양한 문화와 메시지가 어떻게 밈의 형태로 소셜상에서

사람들에게 전파되고, 변이되고, 놀이를 넘어 경제마저 움직이는 힘을 얻게 되었는가?

7장의 주제는 이것이다.

밈을 컨트롤하는 사람이 세상을 컨트롤한다

테슬라가 벤츠, BMW, 아우디를 역전했다. 아, 실적이 아니라 소셜미디어 언급량에서 말이다. 2018년만 해도 테슬라의 언급량은 매우 미미한 수준이었던 것으로 보인다. 2018년 화재 사고로 BMW의 언급량이 치솟았던 경우를 제외하면 2019년 이후 수입차 3대장 중 언급량이 가장 높은 것은 언제나 벤츠였으며, 아우디와 BMW는 비슷한 수준으로 언급되었다. 테슬라가 없었다면 벤츠가 역시 3사 중 가장 욕망 내지는 선망의 브랜드라는, 뻔하면서도 의미 있는 데이터였을 수도 있었다.

그런데 2021년 테슬라라는 신생 브랜드에 벤츠가 순위를 내주었다. 심지어 블룸버그 자료에 의하면 2020년 테슬라가 미디어 광고에 사용한 비용은 0원이다. 미디어 광고를 일절 하지 않는 테슬라가 소셜미디어에서 가장 많이 언급된다는 것은 새로운 광고 채널과 방식이 존재한다는 방증일 것이다.

⟨'테슬라' vs. '벤츠' vs. 'BMW' vs. '아우디' 언급 추이⟩

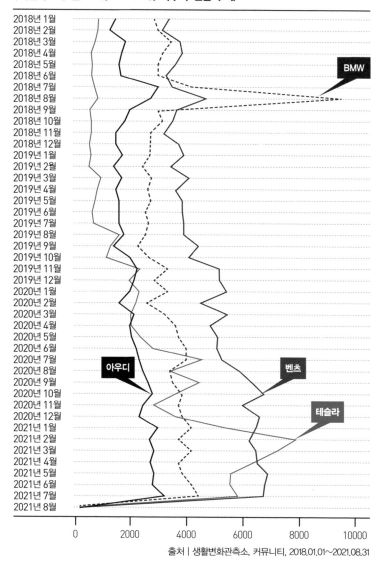

출처 | 생활변화관측소, 커뮤니티, 2018.01.01~2021.08.31

한국인의 로망에서 빠지지 않는 수입차 3사가 테슬라에게 소셜 미디어 언급량에서 모두 역전당한 것은 놀라우면서 한편으로는 어디서 본 듯한 느낌이 든다. 지상파 3사의 언급량을 합쳐도 넷플릭스를 이기지 못했던 몇 년 전 분석자료와 매우 흡사한 그림이기 때문이다. 넷플릭스와 테슬라, 무언가 그간의 관행을 깼다는 공통점은 확실히 있는 듯하다.

기존의 자동차 브랜드들은 자사의 오랜 헤리티지가 보장하는 럭셔리함과 퀄리티가 있었다. 이를 기반으로 쌓아온 신뢰도가 사람들의 욕망을 건드렸다. 그렇다면 헤리티지가 없는, 심지어 자동차의 품질이나 기능 면에서 문제점도 종종 발견되는 테슬라가 사람들에게 보장한 것은 무엇일까?

이에 대해 '비전의 크기'라 답하는 사람들이 적지 않을 듯하다. 전기차, 친환경, 자율주행 그리고 그것을 넘어 화성으로 가겠다는 스페이스X의 비전, 즉 오너 일론 머스크의 비전 말이다. 그가 추진하는 우주탐사 계획의 자금확보 수단인 테슬라에도 당연히 이 비전은 그대로 적용된다. '경력'과 '전통', '업계 1위'를 말하는 기업과 인류와 우주를 이야기하는 기업, 그 브랜드를 떠올리며 사람들이 심상에 그려보는 미래의 그림은 확연히 다를 것이다.

"화성으로 가겠다, 인류를 다행성족으로 만들 것이다."

테슬라가 내세운 혁신의 비전이다. 그리고 100년 전통의 브랜드는 2021년 이 신생 브랜드에 역전을 허용했다. 너무 비현실적이어서 기업의 비전이라기보다는 오히려 인터넷 밈처럼 들리는 이 보

비전, 누구보다 크게 제안할 자신 있는가?

개인이 당신과 함께하고 싶은
내면의 동기를 이끌어내야 한다.

〈'맘' 언급 추이〉

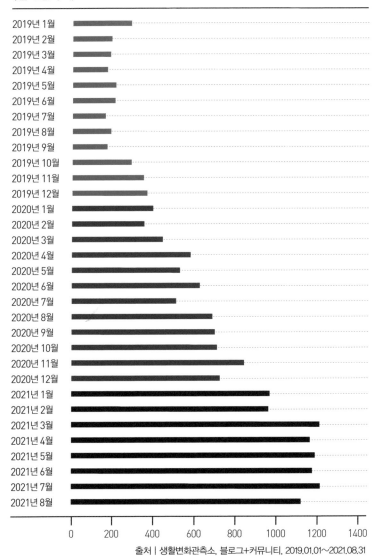

2019년 1월	
2019년 2월	
2019년 3월	
2019년 4월	
2019년 5월	
2019년 6월	
2019년 7월	
2019년 8월	
2019년 9월	
2019년 10월	
2019년 11월	
2019년 12월	
2020년 1월	
2020년 2월	
2020년 3월	
2020년 4월	
2020년 5월	
2020년 6월	
2020년 7월	
2020년 8월	
2020년 9월	
2020년 10월	
2020년 11월	
2020년 12월	
2021년 1월	
2021년 2월	
2021년 3월	
2021년 4월	
2021년 5월	
2021년 6월	
2021년 7월	
2021년 8월	

0   200   400   600   800   1000   1200   1400

출처 | 생활변화관측소, 블로그+커뮤니티, 2019.01.01~2021.08.31

장되지 않는 비전이 요즘 시대에 그렇게나 중요한 것인가? 이런 의문이 들지도 모르겠다. 하지만 오히려 밈처럼 보이기 때문에 수용성과 기대감이 더욱 클 수 있다. 확산력이 좋고 변주에 한계가 없는 것이 바로 밈의 속성 아닌가. 그런 점에서 일론 머스크는 의도적으로 비전을 밈처럼 만들었는지도 모르겠다.

일론 머스크는 언젠가 자신의 트위터에서 이렇게 말했다. "Who controls the meme, controls the universe(밈을 컨트롤하는 사람이 세상을 컨트롤할 것이다)." 논란 많은 인물이지만 밈을 적극 활용해 가장 큰 수혜를 입은 당사자로서, 이 말은 설득력이 있다.

지금 디지털 세상에는 일론 머스크와 테슬라의 비전만이 아니라 실로 온갖 밈이 생성되고 확대 재생산되고 있다. 오늘날 다양한 문화와 메시지가 어떻게 밈의 형태로 소셜상에서 사람들에게 전파되고, 변이되고, 놀이를 넘어 경제마저 움직이는 힘을 얻게 되었는가? 7장의 주제는 이것이다.

21세기의 고사성어, '밈'

검색을 통해 답을 구하고 포털사이트 메인화면에서 트렌드를 얻어가던 시절이 있었다. 이제 트렌드라 하는 것과 그것을 주도하는 세대에 대해 알려면 인터넷 밈에 대해 반드시 알아야 한다. 데이터 분석 중 사람들이 남긴 흔적을 읽는 일을 하며 종종 목격한 현상이 있다. 한 사람이 어떤 상황에 대해 비유하면 그것이 다른 사람에 의해 변주되고, 집단의 공감을 얻으며, 글이나 이미지, 영상 등 축약된 정보의 형태로 최종 합의가 이루어졌을 때, 언급량의 상승 그래프가 만들어지는 것이다. 디지털 그리고 SNS 덕에 정보와 문화의 유통이 쉬워지면서, 문화는 소위 '밈'이라는 단위로 빠르게 복제되고 확산된다.

밈(meme)이라는 단어는 리처드 도킨스가 《이기적 유전자》에서 최초로 언급했다. 그는 인간이 여타 동물과 다르게 서로를 모방하고 흉내 내는 특이한 점이 있으며, 이러한 사회 문화적 유전자를 밈(mimeme+gene)이라 부르자고 제안했다. 하지만 현시대에 인터넷 밈이라 불리는 것은 리처드 도킨스가 제시한 의미와는 진즉에 멀어졌으며, 아직 합의된 명확한 정의도 없는 것이 사실이다.

유전자는 부모에게서 자녀로 종적으로 전달되고, 밈은 사람과 사람 사이에 횡적으로 전달된다. 환경적 제한이 느슨하게 풀려 있는 오늘날의 디지털 세상에서 밈은 그전의 어떤 전파와도 비교가 안 되는 속도와 밀도로 종횡무진 퍼져나가고 있다.

밈은 우리가 예로부터 일상에서 쓰는 고사성어, 사자성어 혹은 속담과 유사하게 사용된다. 일례로 삼고초려(三顧草廬)라는 고사성어는 〈삼국지〉의 유비가 천하통일을 위해 초야에 은둔한 두 인재 제갈량(伏龍, 숨은 용)과 방통(鳳雛, 봉황의 새끼)을 얻고자 했으며, 그 중 제갈량의 초가집을 세 번이나 찾아갔다는 일화에서 유래했다.

이러한 유래를 알면 사자성어가 더 재미있다. 그러나 유래를 정확히 모르더라도 사자성어는 네 글자라는 '축약된 정보'의 형태로 남아, 적절한 맥락에서 수세기 동안 커뮤니케이션에 중요한 기능을 해왔다. 이제 제갈량과 그가 살던 초가집에 대해서는 몰라도 인재의 중요성과 그를 얻기 위해 노력해야 한다는 메시지는 고사성어에 담겨 우리의 대화를 더욱 풍성하고 깊게 해준다.

또한 삼고초려라는 글자 안에는 지금은 쉽게 공감하기 힘들지만 당시엔 무엇보다 열망되었던 천하통일이라는 시대감성이 담겨 있다. 마찬가지로 인터넷 밈도 단순한 유행어로 치부할 수만은 없는, 동시대인들이 중요시하는 생각과 감성을 담고 있다.

고사성어와 사자성어, 옛 속담 속 이야기와 사람들과 감성은 모두 시대와 함께 사라졌다. 교훈은 그 글자 속에 남았어도 맥락과 상황은 남지 않았다. 하지만 오늘날 그 역할을 대신하는 밈이 담고 있는 감성, 메시지와 발화자들은 동시대인들과 함께 살아 숨쉬고 있다.

조선 광해군 시절 정승 이항복은 '티끌 모아 태산'의 메시지를 남겨 당시 사람들에게 공감받았지만 이젠 시대적 조건이 변함에 따라 글자만이 남았다. 반면 〈무한도전〉의 박명수 님이 말한 '티끌 모아봤자 티끌'은 그것을 말한 사람과 들은 사람 모두가 살아 있고, 동시대인들의 공감을 연료로 밈으로 남아 지금도 디지털 세상을 떠돌고 있다. (그리고 큰 틀에서 밈과 속담, 성어의 시대적 역할이 다르지 않다면 속담과 성어 또한 책 속에만 갇혀 있던 적이 없다고 할 수 있다. 꾸준히 만들어지고 업데이트되고 있다. 새로운 시대적 조건과 욕망에 따라서 말이다.)

이제 밈은 텍스트를 넘어 이미지나 영상의 형태를 띠기도 한다. 대화에 글, 텍스트만이 아닌 이미지와 영상까지 동원되며 더욱 응축된 형태로 오가는 것이다.

이미지와 영상이 대화에 활용된다는 것에서 이들 대화가 온라인상에서 이루어진다는 것을 짐작할 수 있다. 인터넷 커뮤니티에서 사람들은 밈을 수시로 공유하고 업데이트하며 정보를 축약해 대화를 이어간다. 일상이 디지털과 상시 연결되어 있지 않으면 이러한 밈을 공유받기 어렵다. 디지털에 상시 연결되어 있는 MZ세대가 자연스레 밈이 주도하는 정보의 주인이 된 이유다.

소셜 커뮤니티에서 '밈'의 언급은 2019년 이후 꾸준히 증가하고 있다. 이제는 웃긴 '짤'을 소비하며 넘기는 것이 아니라 '밈'이라는 단어를 언급하며 서로 소통(전파)하는 모습이 관찰된다. 특히 유래를 묻고 알려주는 대화가 많이 보인다. 밈을 알고 이해해야 재미도 있고 동시대인들과 동기화가 되기 때문에 늘 그 유래가 궁금한 것이다.

"'그만큼 ~시다는거지' 이거 밈 어디서 나온 거야 유래가 머야??"
"무야~호 하고 그다음에 나옴"
"근데 엘론 머스크 화성 갈끄니까는 무슨 밈임?"
"화성 가려고 스페이스X 개발했잖앜ㅋㅋ 그리고 화성에서 타고 다닐 차량이 필요하니깐 전기차 테슬라 만들곡ㅋㅋㅋㅋ"

고사성어에 그 시대 특유의 시대감성이 녹아 있듯이 밈에도 동시대성이 짙게 배어 있다. 동시대성은 밈의 중요한 속성이어서, 고사성어는 시대감성과 부합하지 않아도 의미는 남아 통용되지만, 밈은 시대감성은 물론이고 유래와 맥락을 모르면 대화의 감성과 문법을 이해할 수 없다. 그리고 이해하지 못하면 소통에서 소외된다.

세대별 소통이 그렇게나 힘들다는 지금 시대에 누군가가 콘텐츠를 보며 웃음 짓는 것에 공감하지 못한다면 그 웃음의 유래를 몰라서일 확률이 매우 높다. 콘텐츠에 담긴 맥락, 그것이 쌓아올려진 시간 속의 스토리를 알아야 재미도 있는 것이다. 유튜브 '피식대학' 속 08학번 이즈백, 최준 그리고 매드몬스터가 재미있는 것은 그 세대가 일상적으로 보았던 것들을 조금 과장되지만 촘촘하게 묘사했기 때문이다. 싸이월드에서 튀어나온 듯한, 10여 년에 동대문에서 한 번쯤 봤을 법한 08학번 남자선배들, 어떤 컨셉에 취해 느끼함이 과하게 도출되는 카페 사장 최준, 남자 아이돌의 태도와 감성만 고대로 베껴온 매드몬스터는 MZ세대가 삶의 어느 순간 어디에선가 목격했던 누군가다. 이런 동시대성이 있기에 그들의 패션, 제스처, 말투 등은 밈의 형태로 소셜 상에 퍼져나가 자리잡을 수 있다. 어느 순간 최준에게 빠져들어 계속 찾아보며 모두가 '준며드는'[1] 것이다.

---

1) 준며들다 : 처음엔 거부하고 싶었으나 서서히 최준의 중독성에 빠져들어 최준이 머릿속에 스며드는 것을 표현하는 밈.

문화의 단위, 밈으로 소통하라

밈이 최근 갑자기 화제가 된 것은 앞서 말했듯이 이것이 단순히 문화를 넘어 비즈니스의 영역에 지대한 영향을 미치고 있기 때문이다. 사람들을 대상으로 비즈니스를 하려면 그들이 겪어온 스토리를 알아야 한다. 그 스토리엔 '시간'이 담겨 있기에 동시대성을 염두에 두고 관찰해야 한다.

광고 산업을 예로 들어보자. 요즘은 돈을 내고 프리미엄 서비스를 가입하고라도 광고를 차단하지만, 최준에게 준며든 사람들은 검색을 해서라도 최준의 기업 광고를 찾아 본다.

혹시 KCC의 광고를 본 적 있는가? KCC 또한 자사 브랜드에 대한 인지가 부족할 MZ세대에게 어필하기 위해 밈을 적극 활용했다. 광고에 등장한 코리안 메이저리거 박찬호는 "94년 제가 LA에 처음 갔을 때…"로 시작해 쉴 새 없이 맥락도 없는 토크를 쏟아붓는다. 브랜드를 직접 언급하는 비중은 크지 않지만 박찬호의 '투머치토커' 밈을 끌어안음으로써 KCC는 인지도만큼은 확실하게 챙겼다. 게다가 광고인 만큼 박찬호의 투머치토커 밈을 KCC 브랜드에 잘 녹여냈고, 광고이지만 반전이 있는 긴 시리즈 형태의 콘텐츠를 제작해 사람들이 자발적으로 보게 만들었다. 사람들이 광고를 보러 찾아왔기 때문에 건너뜀(skip) 염려도 없고, 심지어 광고가 닿지 않는 프리미엄 서비스 이용자들에게도 손쉽게 도달한다. 2021년 현재 이 광고는 무려 500만 회에 가까운 조회수를 기록하고 있다.

일방적으로 광고를 하면 돈을 들여 SKIP하지만
동시대성을 품으면 시간을 들여 찾아온다.

그간의 많은 광고가 일방적으로 소비자에게 다가갔다면 이제는 스토리가 있고 반전이 있고 호흡이 있는 콘텐츠로 다가가야 한다. 여기서 밈은 스토리와 동시대인의 정서를 담당한다. 즉 공감을 보장하는 것이다.

> "내가 광고를 찾아볼 줄이야 ㅋㅋㅋ 서브웨이 나 당신 칭찬해요^^본 캐부캐 차례대로 모델하기 약쏙^^~~우리 준이를 알아봐주고 모델로 써준 서브웨이 정말 칭찬하고 고마워요.~~"
> "이번에 투머치토커의 밈을 적극 활용한 박찬호 광고를 봤는데, 여기서 대단한 건 끊임없이 말이 이어져서 지겨워질 수 있음에도 불구하고 내용 전달력 자체는 매우 높다는 것. 덕분에 기업의 특징과 홍보성 정보도 딱 귀에 들어오더라."

밈이 닿지 않는 영역은 없다. 가장 핫한 방탄소년단, 혈액형 이후 최고의 자아 찾기 방법이 된 MBTI, 2018년 종방영된 〈무한도전〉, 그리고 대중문화의 영역을 넘어 정치를 비롯해 민감한 사회문제, 기후변화와 같은 글로벌 이슈까지. SNS와 커뮤니티 등 온라인에서 이루어지는 사람과 사람의 만남을 통해 밈은 디지털 바이러스처럼 퍼져나간다. 유전자처럼 끊임없이 변형되고 퍼지는 디지털 밈들은 시대가 요청하는 감성, 문법, 가치관을 담고 있기 때문에 분야, 국가, 언어, 종교 등도 장벽이 되지 않는다.

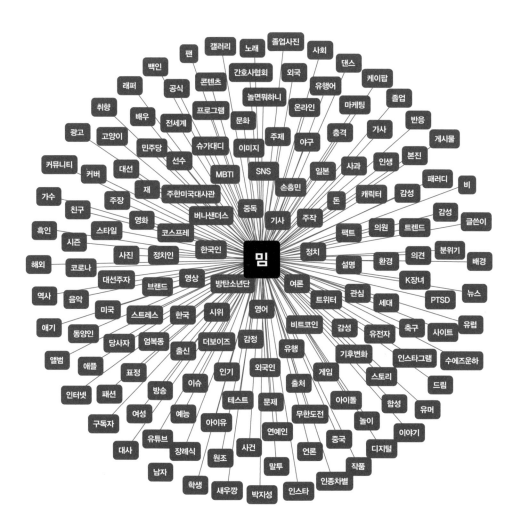

〈'밈' 연관어〉

출처 | 생활변화관측소, 블로그+커뮤니티, 2019.01.01~2021.08.31

밈이 익숙하지 않은 이들은 밈을 유머 코드 정도로 생각하곤 한다. 그러나 밈은 단순히 유머로 치부할 것이 아니다. 앞서 보았듯이 밈은 우리의 비즈니스에 영향을 미치며, 나아가 문화를 형성하기 때문이다.

성공적으로 전파된 밈들의 공통점은 '문화'다. 이전 세대가 경제가 발전하고 정치가 민주화되는 과정을 성장기에 목격하고 체험했다면, MZ세대에게 그러한 영역은 문화다. 이들은 영화, 만화, 연예, 게임 등의 부흥기에 자랐다. 산업화, 민주화 세대의 대화에 경제성장과 정치에 대한 이슈가 시도때도 없이 들어오는 것처럼, 문화의 세대인 MZ세대는 공통적으로 인지된 '문화'를 기반으로 이야기한다.

일상이 디지털에 연결되어 있다면 누구든 알고리즘이 안내하는 밈의 방향대로 콘텐츠를 소비하게 된다. 일례로 방탄소년단의 빌보드 입성 소식을 전하는 밈을 타고 가다 보면, 어느덧 가수 양준일 님이 1990년대 지드래곤이었다는 밈에 도달하게 된다. 그렇게 디지털에서 먼저 소환된 양준일 님은 현실세계의 방송 프로그램을 통해 한국으로, 다시 가수로 돌아왔다.

이처럼 밈은 매스커뮤니케이션과 연결되어 있지만, 그 방향은 과거와 다르다. 과거에는 '유행어'라는 게 있었다. 주로 코미디 프로그램에서 희극인들이 만들어 반복 주입하면 시청자들이 그것을 받아들여 일상에서 유머 코드로 쓰는 식이었다. 즉 과거에는 매스미디어가 밈의 생성지 역할을 했는데, 지금은 거꾸로 밈의 수용자가 사회변화를 무엇으로 읽고 있는가?
밈을 통해 동시대인들의 요청사항을 읽을 수 있다.

되었다. 사람들이 먼저 밈을 변주시켜 전파하고, 후에 미디어가 그 중 자신과 맞는 것을 선택해 활용하는 양상을 보인다. 박찬호는 인터넷상에서 먼저 투머치토커로 밈화된 후에 그 컨셉 그대로 광고에 등장했으며, 20여 년 전 드라마 〈야인시대〉에서 김두한 역을 맡은 배우 김영철 님은 당시 대사였던 '사딸라'가 밈화되어 광고를 비롯해 많은 미디어에 소환되었다. 이 밖에도 최근 몇 년 동안 많은 밈이 광고로 활용되고 있다. 그러고도 아직 미디어에 활용되지 않은 주옥같은 밈들이 넘쳐난다.

매스미디어는 밈을 알아본 선별 능력으로 칭찬받기도 하지만, 잘못 해석하여 가져다 쓰면 되레 반감을 사기도 한다. 밈을 빠르게 선점하는 것만큼 브랜드의 자산에 잘 녹여내야 한다. 밈의 원작자, 주인에게 혜택을 주는 것 또한 필수다.

이처럼 오늘날 밈은 유머를 넘어 문화 그리고 산업에까지 영향을 미치고 있다. 밈은 알게 모르게 일상에 자리잡아, 문화를 만들고 그 문화를 도와줄 플랫폼까지 만들어왔다. 몇 년째 세대론에 대해 말이 많은데, 세대가 궁금하다면 그 세대가 무엇을 즐기고, 무엇에 웃음을 짓고, 어떻게 상호 소통하는지 인지하는 것도 사회변화를 읽는 유의미한 지표일 것이다.

이러한 관점으로, 2021년의 사회상을 밈의 변화와 추이를 통해 몇 가지 짚어보겠다.

밈이 만드는 시세와 차트

문화에서 재테크 수단으로 : 래플과 리셀

언제부터 나이키 조던 시리즈가 MZ세대의 핫템이 되었을까? 한정판 스니커즈를 구매하고 수집하는 행위는 일반인이 아닌 팬덤의 문화였던 것이 기억난다. 몇 년 전 강남역 나이키 매장을 지날 때면 다음 날 선착순 판매하는 한정판 혹은 콜라보 제품을 구매하기 위해 저녁부터 자리를 펴고 대기하는 기나긴 줄이 보이곤 했다. 팬들을 위해 한정판을 발매하고 판매하는 방식은 꽤 오랫동안 이어

〈'래플' 언급 추이〉

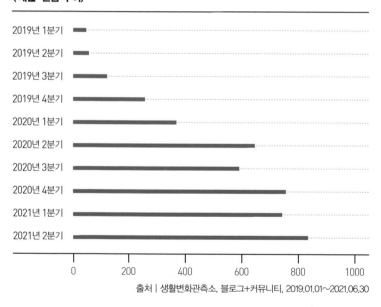

출처 | 생활변화관측소, 블로그+커뮤니티, 2019.01.01~2021.06.30

졌는데, 코로나의 창궐 이후 이 방법 또한 새롭게 패치되었다. 역시 '비대면 +온라인'이다.

언젠가부터 소셜상에서 '주식, 코인보다 나은 슈테크' 관련 밈들이 보이기 시작했다. 그 밈은 하나의 추세선 형태였는데, 주식과 코인의 상승률보다 높게 치솟은 스니커즈 가격의 상승률을 다루고 있었다. 한정판 스니커즈 수집이 대중화된 것은 2019년 말 지드래곤과 나이키의 협업으로 나이키 에어포스1의 한정판 모델 '파라노이즈'가 발매된 것이 그 시작으로 추정된다. 이때를 기점으로 일반인들에게도 한정판을 구매하려는 시도가 광범위하게 퍼져나갔다. 파라노이즈라는 한정판 스니커즈는 추첨제도, 즉 이제는 '래플'이라 널리 통용되는 제도로 발매되었는데, 누구나 온라인으로 참여 가능하다.

이 스니커즈의 정가는 21만 원이지만 기사에 따르면 최고 1300만 원까지 가격이 올랐다고 한다. 이 정도로 가격이 치솟는 것을 보건대, 이 래플에 스니커즈의 팬과 지드래곤의 팬덤 이외에 다른 의도를 가진 이들도 참여한 것이 분명하다. 바로 팔기 위해 도전한 이들이다.

이쯤에서 래플에 익숙하지 않은 분들을 위해 간략한 설명이 필요할 듯하다. 레플에 참여하는 이들의 속성을 분류해보면 크게 3가지 정도로 나눌 수 있다.

첫째, '실착러'다. 이들은 해당 신발을 실제로 착용하기 위해 래플에 도전한다.

둘째, '컬렉터'가 있다. 나이키 또는 콜라보한 아티스트의 팬으로서, 이들은 수집하기 위해 추첨에 도전한다. 실착 여부는 그다음 고민이다.

셋째, '리셀러'다. 되팔기 위해 래플에 참여하는 사람들로, 바로 돈을 벌기 위해 도전하는 경우다. 요즘에는 이것을 슈테크라고 한다. 21만 원에 사서 1300만 원에 팔리는 게 실화라면 웬만한 가상화폐보다 안전하며 보장되는 수익률이다.

나이키의 조던, 덩크 시리즈 외에도 아디다스의 이지 시리즈, 뉴발란스의 992, 국내엔 IAB스튜디오의 제품 등 많은 브랜드가 래플을 적극적으로 도입하기 시작했다. 래플은 거의 매일 진행되며 온라인으로 선착순 판매하기도, 일정 시간 내에 참여 인원을 받기도 한다.

래플의 인기가 치솟자 패션 커뮤니티에 이런 글들이 나타나기 시작했다. "요즘 래플과 리셀에 대해 어떻게 생각하시나요?"

내용은 팬덤의 문화였던 래플에 팬심 없는 참여 인원이 늘어나는데, 신발에 대한 애착도 없이 그저 웃돈 주고 파는 데에만 관심 있는 그들이 우리(기존 팬덤)와 동등하게 추첨 기회를 받는 것은 좀 그렇지 않느냐는 것이다. 수많은 추첨인 중 당첨은 기계가 공정하게 정할 테고, 안 그래도 당첨 확률이 낮은데 참여 인원만 늘어나는 바람에 시세도 올라서, 기존 팬덤 입장에서는 불만이 나올 수밖에 없을 것이다. 문화가 충돌하며 불만이 나오고, 문제점이 드러난다. 하지만 그럼으로써 솔루션 또한 나온다.

자발적 문화와 플랫폼 : 크림과 솔드아웃

과거 팬덤 문화에도 리셀이 없었던 것은 아니다. 기존 스니커즈 리셀은 중고거래 플랫폼이나 커뮤니티를 통해 이루어졌는데, 제품에 대한 믿을 만한 '검수'를 보장받기엔 조금 부족했던 것이 사실이다. 그래서 나온 것이 네이버의 '크림'과 무신사의 '솔드아웃'이다. 추첨된 스니커즈의 거래를 돕는 플랫폼인데, 이 두 플랫폼이 스니커즈의 수요자와 공급자를 연결하는 문화를 본격적으로 대중화했다고 볼 수 있다.

래플에 누구나 도전하고 추첨된 한정판 스니커즈를 서로 거래하는 것이 기업이나 브랜드가 의도하지 않은 소비자들의 자발적 문화라면, 여기에 그런 문화를 돕는 플랫폼이 살포시 없으면 더 빠르게 성장할 수밖에 없다. 그전에는 이러한 플랫폼이 부재해 사건과 사고가 많았는데 그런 문제가 제거되었으니 말이다. 수요가 자발적으로 탄생하고, 거래의 공정성을 위한 솔루션으로 기업이 플랫폼을 제공하고, 플랫폼을 통해 판매 또는 구매하고자 하는 사람들이 스스로 합의해서 시세를 투명하게 만들어가는 것이다. 제품에 대한 검수는 플랫폼이 보장해준다. 중고거래 사이트에서 물건을 샀는데 벽돌이 배송되는 경우는 이제 없다는 것이다.

슈테크 차원에서 스니커즈의 래플 제도와 리셀 문화가 매력적인 부분은 분명히 있다. 재테크 문법으로 말해보자면, 래플 제도는 두터운 팬심이나 정보력과 같이 참여에 필요한 준비물이 없다. 과정이 공정하고 결과는 공평하기 때문에 실착을 하려는 실착러, 되팔

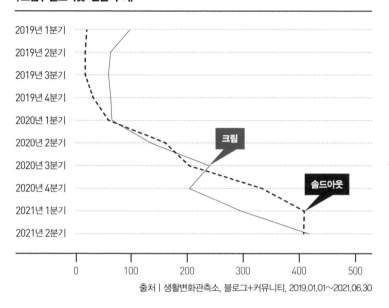

〈'크림', '솔드아웃' 언급 추이〉

| | 0 | 100 | 200 | 300 | 400 | 500 |

2019년 1분기
2019년 2분기
2019년 3분기
2019년 4분기
2020년 1분기
2020년 2분기
2020년 3분기
2020년 4분기
2021년 1분기
2021년 2분기

크림

솔드아웃

출처 | 생활변화관측소, 블로그+커뮤니티, 2019.01.01~2021.06.30

려는 리셀러, 소장하려는 컬렉터 등 누구나 참여해 각자의 혜택을 누릴 수 있다. 고액의 시드머니조차 필요 없는 슈테크 시장은 스니커즈 계의 큰손도, 자산 하나 없는 개미도 동등하게 게임처럼 즐길 수 있다. 마케팅은 팬덤이, 시세는 참여자 모두가 정하는 새로운 자발적 시장인 셈이다. 각종 브랜드에서 매일같이 진행되는 래플. 래플과 리셀이 일상의 한 부분이 되었다면, 이에 따르는 수고를 덜어주는 것이 플랫폼의 본질적 역할이 아니던가? 자발적 문화에서 탄생한 이러한 플랫폼은 구습의 문제점을 없애주고 수요와 공급의 투명성을 가져온 좋은 사례다.

앞서 보았듯 기존 조던 시리즈나 스니커즈 팬덤 입장에선 확장된 리셀 문화에 대해 다른 견해가 있을 수 있지만, 기업이 의도적으로 기획하지 않은 자발적 문화가 탄생하고 다른 목적을 가진 참여자들까지 모두 각자의 혜택을 챙겨간다는 점은 문화와 기술의 이상적인 조화라 할 수 있다. 개개인의 내면의 동기로 촉발되고, 참여기회가 공정하다는 것 또한 이 문화의 특징이다.

불확실한 정보, 그만큼 큰 내면의 동기 : 주식과 코인

주식과 코인은 투자다. 즉 재테크를 위한 수단이지만 이 또한 밈과 결코 분리할 수 없는 문화의 영역이기도 하다. 일례로 삼성전자 주식의 유명한 밈 가운데 이런 것이 있다. 정말 많은 사람이 매달려 있는 인도의 기차 사진 아래 이런 텍스트가 붙는다. "이제 좀 그만 타~"

지금 MZ세대에게 주식은 재테크 수단이자 게임처럼 즐기는 대상이며, 주식에 돈이 물려 손실을 본 이야기마저 밈으로서 흔하게 발화된다.

코인도 마찬가지다. 코인은 엄연한 하나의 투자이며 재테크다. 하지만 소셜상에서 밈과 연관성이 짙기 때문인지, 인과관계에 근거하지 않고 밈을 기반으로 투자하는 젊은 투자자들의 행태에 대한 비판이 적지 않다. 일론 머스크가 시바견이 그려진 로켓을 타고 우주를 향해 가는 밈을 본 적이 있는가? 이 밈은 일론 머스크가 트위터에 도지코인을 언급한 이후 탄생한 밈으로, 그 언급만으로 거래

〈'주식', '코인' 언급 추이〉

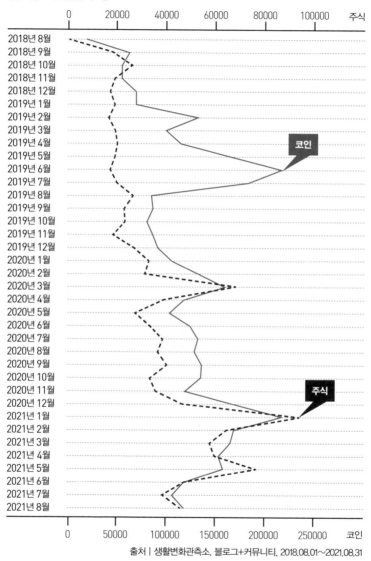

출처 | 생활변화관측소, 블로그+커뮤니티, 2018.08.01~2021.08.31

트위터에서 번져간 '일론 머스크 도지코인 밈' (출처 | 일론 머
스크 트위터)

량이 폭주했다. 그 후 다들 알다시피 일론 머스크의 잦은 번복으로 가치가 폭락한 상태다.

흥미롭게도 이 도지코인 밈의 주인인 일본인 유치원 교사 사토 아츠코는 이 밈에 대한 저작권을 경매로 올렸고, 암호화폐인 이더리움으로 약 45억 원에 팔렸다. 인터넷으로 얼마든지 복제될 수 있는 밈이 경매로 팔리다니 이상하지 않은가? 이는 NFT 기술 덕분에 가능했다. NFT(non-fungible token)는 말 그대로 대체 불가능한 토큰으로, 밈과 같은 디지털 콘텐츠에 고유한 가치를 부여해 디지털상에서도 저작권을 행사할 수 있는 블록체인 기반의 기술이다. 이 기술로 도지코인 밈이 고유값을 부여받아 팔리게 된 것이다.

이렇게 NFT의 형태로 거래되는 많은 밈을 비롯해 디지털 공간에만 존재하는 콘텐츠들의 쓰임새는 아직 모른다. 가깝고 먼 미래에 어떻게 얼마나 쓰일지 아무도 말해주지 않는다. 하지만 NFT가 개인에게 보장하는 '나만의 것'이라는 귀한 가치는 실재한다. 효용에 대한 평가가 아직 없기에 가늠할 한계 또한 없다.

MZ세대는 무엇을 위해, 무슨 가치를 바탕에 두고 이러한 투자를 할까? 확실한 것은, 그들에겐 외부의 정보가 불확실하더라도 각자의 논리와 내면의 동기가 중요하며, 그 동기가 그려주는 나름의 미래를 구상하고 있다는 것이다.

미래를 디자인한다 : 합리적 감성주의 '파이어족'

몇 년 전 불투명한 미래 대신 확실한 현재의 행복을 위해 살자는 욜로 붐이 일었다. 욜로가 지나간 자리, 최근 뜨고 있는 트렌드는 파이어족이다. 확실한 현재를 만들려는 욜로족과 확실한 미래를 만드는 파이어족, 이 두 가치가 한 사람 안에 공존할 수는 없다. 이분법적으로 밀레니얼 세대를 나누는 건 어폐가 있지만, 적어도 소셜상에서 욜로와 파이어족을 언급하는 사람들은 둘 중 하나를 선택했을 것이다. 언급량을 기준으로 보면 '욜로'에 대한 관심은 점차 줄어 2020년 말을 기점으로 '파이어족'에 역전당한다. 데이터상에서 한 키워드가 경쟁 키워드를 역전하는 것은 드문 만큼 흥미롭고, 늘 시사하는 바가 크다. 파이어족이 젊은층에게 무엇을 약속하고 제안하기에 욜로의 달콤한 제안을 물리칠 수 있었을까?

파이어족과 욜로의 연관어 네트워크를 보면, 파이어족과 욜로를 지향하는 사람들은 같은 키워드를 가지고도 다른 의미로 말하는 것을 알 수 있다. '라이프스타일'을 경험자산으로 보는 욜로와, 라이프스타일을 줄여서 미래를 키우는 파이어족. '월급'을 경험에 과감하게 투자하는 욜로와, 월급을 시드로 파이프라인을 늘리는 파이

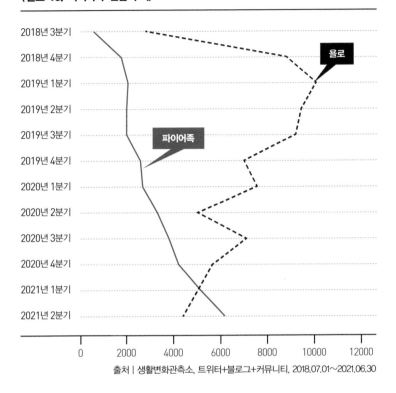

〈'욜로' vs. '파이어족' 언급 추이〉

욜로

파이어족

2018년 3분기
2018년 4분기
2019년 1분기
2019년 2분기
2019년 3분기
2019년 4분기
2020년 1분기
2020년 2분기
2020년 3분기
2020년 4분기
2021년 1분기
2021년 2분기

0   2000   4000   6000   8000   10000   12000

출처 | 생활변화관측소, 트위터+블로그+커뮤니티, 2018.07.01~2021.06.30

어족. 그리고 '제주'에 여행 가서 한 달 살고자 하는 욜로와 조기은 퇴 후 제주에서의 삶을 계획하는 파이어족. 키워드의 뉘앙스 차이 에서 파이어족이 약속하는 바가 어렴풋이 짐작되지 않는가?

파이어족은 자본주의 시스템이 허락하는 범위에서 불로소득과 패시브인컴을 꿈꾼다. 40대의 경제적 자유를 위해 20대부터 철저 한 계획하에 움직이는 이들이 실행하는 것은 첫 번째로 '라이프스타일 줄이기'다.

"지금 미래를 위해 잠시 접어 둔 취미… 바로 '캠핑'. 수많은 캠핑족 중 평일에 자유를 누릴 수 있는 사람은 거의 없다. 파이어족이 되어 평일을 주말처럼 살면 얼마나 좋을까 라는 생각이 든다. #캠핑 줄이기"

"파이어족이 되기 전에 먼저 생각해봐야 할 '라이프스타일'. '체력 증진을 위한 운동'을 하고 싶다는 생각에, 레슨비를 엄청나게 퍼부었던 (!) 골프를 중단하고, 돈이 들지 않는 러닝으로 자연스럽게 운동 취미가 바뀌었습니다. 그러다 보니 돈을 쓰기보다는 돈을 벌기 위한 것에 투자하는 시간들을 좀 더 즐기고 있다는 것을 깨달았습니다. 저는 글 쓰고 블로그하는 것을 좋아하고, 남편은 유튜브 편집하는 것에 취미가 붙었거든요. 추구하는 라이프 패턴 자체가 알아서 소비는 덜 하고, 소득과 투자는 늘리게 되는 신기한 라이프스타일… #골프 줄이기"

중요한 점은 라이프스타일을 포기하겠다는 것이 아니라 계획적으로 줄인다는 것이다. 삶의 여유와 감성을 추구하면서도 합리적인 계산으로 적절한 선을 유지하겠다는 것이다.

파이어족이 되기 위한 두 번째 실천은 파이프라인 구축이다. 그래서 이들은 공부하고, 실행한다. 월급을 시드로, 스스로 N개의 월급을 만든다. 미래를 보며 살기 때문에 기업의 현재와 헤리티지보다는 미래가치에 거침없이 투자하고, 플랫폼이 제공하는 소득 기회를 적극 활용한다. 파이어족의 대표적인 파이프라인은 이러하다.

〈'욜로' vs. '파이어족' 연관어〉

출처 | 생활변화관측소, 트위터+블로그+커뮤니티, 2018.01.01~2021.08.31

#쿠팡플렉스 #유튜브 #가상화폐 #주식 #펀드 #채권 #크몽 #탈잉 #전자책 #쿠팡파트너스 #블로그 #네이버애드포스트 #배민커넥트 #스마트스토어

"지금은 하루라도 더 쿠팡플렉스 나가서 추가 수입을 올리려고 하고, 소액이지만 주식, 코인도 조심스럽게 하고 있습니다. 블로그도 좀 열심히 해야 하는데… 그리고 유튜브 채널도 만들어서 영상 1개 올려놨습니다. ㅋㅋ 많은 분들이 공통적으로 하시는 말씀은 '수입 파이프라인'을 여러 개 만들어야 한다는 것이었습니다. 회사에서 일해서 버는 돈 이외에 돈이 들어오는 파이프를 많이 만들어야 한다는 것이죠."

"세미파이어족! 저는 소소하지만 자전거 타기를 좋아하고 게임을 좋아하니 미션 수행처럼 배민커넥트로 소소하게 추가수익을 내고 온라인 마케팅을 하면서 배운 스마트스토어 창업 준비를 하게 되었죠."

"파이어족, 암호화 화폐, 주식, 펀드, 채권, 부동산, 온라인 활동 등 여러 파이프라인이 있는데, 나도 미래를 위해 어떤 것을 할지 생각하고 있다. 소소한 소비를 줄이고, 적극적으로 투자하여 우리 모두 부자 됩시다…"

이런 생각을 한 번쯤 해본 적이 있을 것이다. 유튜브, 스마트스토어, 걸어서 배달 알바, 가상화폐… 모두 적은 시드로 혹은 자본 없이 쉽게 시작할 수 있는 파이프라인 채널이다. 그렇다면 나도 할 수 있고 큰 소득을 발생시킬 수 있을지도 모른다는 생각이 든다.

하지만 파이프라인의 존재를 인지하는 것과 실제 시도 사이에는 작지 않은 장벽이 있어서 좀처럼 실행에 옮기지 못하고 있었다. 그런데 앞에 언급된 파이프라인은 허상이 아닌 실제 혜택을 제공해주며 시도의 문턱도 점점 낮아지고 있다. 비대면 온라인 시대인 만큼 누구나 투자하고 싶다면 계좌를 비대면으로 시간 제약 없이 개설할 수 있으며, 아이템을 보유하지 않더라도 스토어를 열어볼 수 있다.

이렇듯 디지털 공간에서 하는 시도에는 큰 자원이 요구되지 않는다. 시도가 많을수록 미래의 해상도가 뚜렷해진다. 그렇기에 그들은 각자의 일상이 허용하는 수용치만큼 꾸준히 시도하며, 미래를 꿈꾸는 대신 디자인한다.

꺾이지 않는 추세선을 찾아 #동시대성 #비전

7장에선 여러 가지 모습으로 정의한 밈을 소개하며, 지난 한 해소위 '떡상'한 키워드들을 소개했다. 상승하는 키워드들은 새 시대가 원하는 업데이트된 함의를 담고 있다.

전통을 이긴 비전과 혁신의 전기차 #테슬라, 자발적 문화의 스니커즈 #래플 #리셀, 정보의 불확실성을 개의치 않는 내면의 동기 #주식과 #코인, 미래를 디자인하는 합리적 감성주의의 #파이어족.

이러한 키워드를 엮고 관찰한 필자의 생각은 이러하다. 세상에 대한 뚜렷한 신뢰가 없는 세대에겐 비전과 가능성을 디자인해주는 '추이'가 필요하다. 문화를 기반으로 한 추이는 급격한 기울기만큼 높은 가능성을 보여준다. 추이가 꺾이고 주가가 떨어질지도 모르지만, 모두가 같이 바라보면 다시 오르는 것을 그들은 그동안 목격하고 경험했다. 문화를 바탕으로 성장한 세대는 경기가 매년 침체이고 늘 경제성장이 더뎌도 그들이 즐겨온 문화가 성장을 멈추는 것은 본 적이 없다.

오히려 그들이 좋아했던 모든 작은 애호들은 산업이 되고 직업이 되었다. 국내 가수가 그래미 후보가 되고, 국내 영화는 아카데미 작품상을 받고, 게임을 하는 행위는 고연봉 직업이 되었다. 그래프로 본다면 지금 매수해도 늦지 않았을 거라는 확신을 주는 기분 좋은 추세선이다. 더 많은 가수들이 그래미를 수상할 것이고, 더 많은 국내 콘텐츠가 세계인의 공감을 살 것이고, 심지어 게임은 놀이를 넘어 현실이 되리라는 비전이 추세 안에 아직 있지 않은가? 그런 그들에게 필요한 것은 꺾이지 않을 추이를 함께 만들 수 있는 비전이다.

생각해보자. 혹시 내부적 목표가 되어야 할 것을 비전으로 말하고 있지는 않은가? 여전히 전통과 업적을 이야기하고 있는가? 비전은 타인과 공유되고 각자 내면의 동기를 이끌어 함께 갈 수 있어야 한다.

새로운 세대가 궁금한가? '요즘 애들은 어떤 애들이야?', '뭐 하고 놀아?'라는 질문으로는 답을 얻을 수 없다. 그럴수록 점점 당신은 동시대인이 아닌 존재로 스스로를 타자화할 뿐이다.

소통방식의 변화

그들이 시간 속에 남긴 흔적과 데이터를 통해 그것이 담고 있는 스토리를 보아야 한다. 그 속에서 탄생하는 문화를 보고, 새로운 시대가 요청하는 것과 함께 가야 한다.

데이터를 접하기 힘든가? 미래를 예측하고 싶은가? 그럼 그들이 무엇을 말하고 공유하고 즐기고 웃는지 보자. 그것의 합이 산업이며 그들과 만들어갈 수 있는 미래다. 그 안에서 오늘날을 살아가는 동시대인이 함께 공유할 수 있는 비전이 탄생한다.

밈을 커뮤니케이션에 녹여내라

동시대의 산물 밈을 브랜드에 잘 녹여내야 한다. 이때 커뮤니케이션 타깃은 모두가 아니라 그 밈을 이해하는 사람들이다. 커뮤니케이션 형태는 텍스트, 이미지, 영상을 넘나들며, 기술이 허락하는 한 축약된 정보가 되어야 한다.

브랜드 커뮤니케이션은 찾아오는 콘텐츠가 되어야 한다

과거에는 매스미디어가 밈의 생성지 역할을 했는데, 지금은 거꾸로 밈의 수용자가 되었다. 그리고 기존 브랜드 커뮤니케이션은 의도적으로 만들어져서, 가능한 모두에게 닿기를 바라며, 일방적으로 노출되어 왔다. 이제 브랜드 커뮤니케이션은 동시대성이 깃든 콘텐츠가 되어야 호응을 얻는다.

전통과 업적, 브랜드의 목표가 아닌
사람들과 미래를 공유할 수 있는 비전으로 소통하라

분화되고 작아지는 비대면 사회이지만, 같은 인류로서 함께 갈 수 있는 비전으로 소통할 때 그 파급력이 크다. 브랜드의 다음(next)이 무엇인지 보여주고, 그것을 넘어서 함께 만들어갈 비전이 무엇인지 공유하자.

Chapter 8.

미학의 시대,
감수성 전쟁

신수정

럭셔리 브랜드와 프리미엄 브랜드, 매스 브랜드처럼

브랜드의 레벨이 명확하던 과거에는 각자 제공하는 가치가 달랐다.

그러나 브랜드의 레벨이 유효하지 않게 된 오늘날에는

브랜드의 플레이 방식도 달라져야 한다.

이 많은 브랜드 가운데 우리 브랜드가 고객에게 떠올려지려면 어떻게 해야 할까?

우리 브랜드만의 고유성을 얻기 위한

이미지, 화법, 스토리텔링의 방법에 대해 알아본다.

브랜드의 레벨이 사라진 자리

　동료들과 점심을 먹다가 자신만의 시그니처 요리를 갖기 위해 원데이 쿠킹클래스에 등록했다는 동료의 근황을 들은 적이 있다. '시그니처'라는 단어를 곱씹으며, 셰프는 아니지만 시그니처 요리가 있는 사람이고 싶은 마음을 생각하며, 나의 시그니처 요리는 무언지, 다른 사람에게 기억될 만한 나의 시그니처가 있는지 생각이 꼬리에 꼬리를 물었다. 어떤 사람을 생각할 때 다른 사람과 구별되는 그만의 말투, 그만의 포즈, 그만의 스타일이 있다면 우리는 그를 금방 그려볼 수 있다. 또 길을 걷다가 비슷한 스타일의 사람을 보면 '아, 내가 아는 그 사람과 닮았네'라고 생각하게 된다.

　떠올려지기 위해서는 각자의 고유한 시그니처가 필요하다. 사람도 그렇지만, 한 브랜드가 만들어져 사람들에게 기억되고 떠올려지는 데에도 마찬가지다.

　러쉬 매장 앞을 지나는 때를 떠올려보자. 검은 배경에 흰색 래커로 거칠게 쓴 이탤릭체 글씨가 가득하고, 은빛 스테인리스 대야에는 비누 거품이 잔뜩 쌓여 맨 꼭대기에 있는 거품은 금방이라도 날아갈 것 같다. 새콤하면서도 에너제틱한 향이 내 코로 다가와 '코통 사고'를 유발하고, 검은색 에이프런을 둘러맨 매장 점원들이 소리쳐 나를 부른다. 와서 손 씻고 가라고. 이 모든 장면은 러쉬 어느 매장에 가든 할 수 있는 브랜드의 시그니처 경험이라 할 만하다. 특정 브랜드의 시그니처를 완전하게 학습한 사람은 머릿속에 떠올리는 것만으로도 마치 그 브랜드가 눈앞에 있는 것처럼 세세하게 상상할 수 있다.

브랜드는 어떻게 고객에게 환상을 심어줄 수 있을까? 환상은 가상의 기억에 기대어 생긴다. 고객이 기억할 거리를 만들어야 한다.

시그니처 디자인, 향, 포장에 각별히 공을 들이는 브랜드는 럭셔리 브랜드가 주를 이루곤 했다. 럭셔리주얼리 브랜드 티파니는 '티파니 블루'라는 컬러를 가지고 있고, 에르메스는 H로고 플레이와 오렌지색 박스, 까르띠에는 포장에 인장처럼 붙여주는 레드씰이 시그니처다. 이들 브랜드는 단번에 떠올릴 수 있는 기억의 장소를 가지고 있는 셈이다.

럭셔리 브랜드와 프리미엄 브랜드, 매스 브랜드처럼 브랜드의 레벨이 명확하던 과거에는 각자 제공하는 가치가 달랐다. 거칠게 말해 럭셔리 브랜드가 브랜드만의 시그니처로 고유명사화되는 게 중요했다면 프리미엄 브랜드는 경쟁 브랜드 대비 뛰어난 가성비, 매스 브랜드는 접점 확보가 상대적으로 중요했다. 하지만 지금은 어떤가. 롤렉스를 찬 사람이 벤츠를 몰고 고야드 토트백까지 들고 있다면 그처럼 팍팍한 일이 또 있을까 싶다.

오히려 롤렉스를 찬 사람이 젊은 감성의 편집숍 '어라운드 더 코너'에서 파는 인디 브랜드의 백팩을 메고 있다고 상상해보자. '왜?'라는 의문이 들면서 백팩을 든 사람에게 궁금증이 생긴다. 그 백팩이 그를 궁금하게 만든 것이다. 그리고 어느 날 그 가방은 그의 딸이 선물했음을 알게 된다. 이제는 그가 딸과 관계가 좋다는 것은 물론 딸이 그 편집숍의 고객이라는 것, 그의 생일이 얼마 전이었다는 것도 알게 된다. 하나의 물건에 여러 가지 맥락과 스토리가 담기게 된다. 그러고는 어느 날 그 가방은 '○○○백팩'으로 알려진다. 피상적으로 생각했을 때 가치관과 스타일이 서로 배치되는 선택과 선택 사이, 그 간극에 스토리가 들어서는 것이다.

브랜드의 레벨이라는 것이 더이상 유효하지 않다는 이야기를 하려다 이야기가 샜다. 브랜드의 레벨이 유효하지 않게 된 오늘날에는 브랜드의 플레이 방식도 달라져야 한다. 대한민국에 브랜드가 몇 개나 있을까? 모르긴 몰라도 수만 개는 족히 넘을 것이다. 그 많은 브랜드 가운데 우리 브랜드가 고객에게 떠올려지려면 어떻게 해야 할까? 우리 브랜드 고유의 얼굴(로고, 디자인, 색 등 시각적 요소)과 브랜드의 활동을 통해 전달되는 고유의 캐릭터(어떤 화법을 구사하는지, 어떤 주제에 목소리를 높이는지, 누구와 친한지 등의 퍼스널리티 요소)가 있어야 한다.

〈'시그니처' 언급 추이〉

2018년 1월	
2018년 2월	
2018년 3월	
2018년 4월	
2018년 5월	
2018년 6월	
2018년 7월	
2018년 8월	
2018년 9월	
2018년 10월	
2018년 11월	
2018년 12월	
2019년 1월	
2019년 2월	
2019년 3월	
2019년 4월	
2019년 5월	
2019년 6월	
2019년 7월	
2019년 8월	
2019년 9월	
2019년 10월	
2019년 11월	
2019년 12월	
2020년 1월	
2020년 2월	
2020년 3월	
2020년 4월	
2020년 5월	
2020년 6월	
2020년 7월	
2020년 8월	
2020년 9월	
2020년 10월	
2020년 11월	
2020년 12월	
2021년 1월	
2021년 2월	
2021년 3월	
2021년 4월	
2021년 5월	
2021년 6월	
2021년 7월	
2021년 8월	

0   5000   10000   15000   20000   25000   30000   35000   40000

출처 | 생활변화관측소, 블로그+트위터+커뮤니티, 2018.01.01~2021.08.31

시그니처 : 기억을 장악한다

카페 투어를 즐기는 사람이라면 커피를 비롯한 음료의 맛, 좌석의 편안함, 바라다보이는 전망 외에도 중요하게 생각하는 요소가 있다. 바로 화장실이다. 화장실은 카페 주인의 인테리어 감각뿐 아니라 세심함과 디테일에 대한 감수성이 오롯이 전해지는 공간이다. (화장실 휴지의 끝칸이 세모로 접혀 있다면 주인이 단정한 일본식 감성을 좋아함을, 일회용 핸드타월 디스펜서에 '한 장으로 충분합니다'라는 문구가 있다면 그가 자원을 아끼며 계도적인 타입임을 유추할 수 있다.) 특히 화장실에 놓인 디퓨저와 핸드워시, 핸드로션은 이 공간이 추구하는 컨셉과 감성을 전달한다.

최근 트렌디한 카페 화장실에 놓이는 핸드워시 브랜드가 바뀌고 있다. 바로 도메스틱[1] 퍼퓨머리 대표 브랜드로 손꼽히는 '논픽션'이다. 마케터나 기획자라면 이 브랜드에 주목할 필요가 있다.

논픽션은 2019년 11월에 론칭한 신생 라이프스타일 뷰티 브랜드로, 특히 밀레니얼이 좋아하는 브랜드로 일컬어지곤 한다. 어떤 곳보다 유행을 빨리 타고 '있어 보임'이 중요한 카페에서, 논픽션은 어떻게 이솝과 르라보 등 기라성 같은 해외 브랜드 제품과 어깨를 나란히 할 수 있었을까? 논픽션이 보여준 브랜드 행보에는 지금의

---

1) 도메스틱 : 무신사가 주창한 개념으로, 규모가 작아서 브랜드로의 입지가 약했던 국내 자체 생산 브랜드를 '보세', '인디'라는 용어 대신 도메스틱 브랜드로 칭하며 해외 브랜드, 대기업 브랜드와 구별해서 사용한다.

소비행태를 다르게 해석하고, 기존 브랜드와는 다른 길을 선택한 3 가지 지점이 있었다.

'먼 그대'의 환상, 플랫폼의 아우라를 차용한다

논픽션은 초창기에 '호스팅하우스'(뉴욕 감성의 라이프스타일 편집 숍), '렉토'(중성적 무드의 패션 브랜드) 등 이태원을 근거지로 한 감각적인 편집숍과 부티크에 팝업스토어로 들어가 소수의 트렌디한 사람들에게 브랜드 감성을 알렸다. 유동인구가 적더라도 확실한 스타일이 있는 사람들의 활동반경 안에 브랜드를 노출시킨 것이다.

동시에 글로벌 뷰티 유통 플랫폼 '세포라'에도 입점했는데, 올리브영이 아니라 세포라라는 점이 흥미롭다. 국내 브랜드임에도 글로벌 유통 플랫폼에 입점해 역으로 국내에 들어온 것이다. 올리브영이 뛰어난 제품력을 가진 숨은 꿀템을 발견하는 곳이라면, 세포라는 세계적으로 검증된 브랜드들의 플레이그라운드다. 너무 가까우면 판타지가 생기기 어려운데, 국내 브랜드의 활동반경에서 벗어나 세포라의 아우라를 통해 브랜드에 판타지를 심어줄 수 있었던 것으로 보인다.

제품 자체가 아닌 공간 브랜딩에 집중한다

오늘날의 소비자들은 제품이 아닌 브랜드 경험을 소비한다. 논픽션은 2020년 한남동 쇼룸 오픈에 이어 해운대에 두 번째 쇼룸을 오픈했다. 그들이 두 번째 쇼룸의 위치로 선택한 해운대 '대림맨션'

이 기념비적이다. 해운대 바닷가 앞에 위치한 대림맨션은 1975년에 지어진 건물로, 건물 외벽은 연갈색 타일로 마감하고, 입구에는 '大林맨숀'이라는 현판이 있으며, 쇼룸으로 오르는 계단은 싸고 공정이 짧아서 당시 대중적으로 사용되던 '도기다시' 마감 그대로다. 과거를 지우고 당대 유행하는 건축양식으로 신축하는 건물에 익숙한 젊은 세대에게 과거의 건축양식은 매우 색다르게 다가왔음이 틀림없다. 끊임없는 리노베이션으로 부동산 가치를 올리는 도시의 시간에서 빗겨나 과거를 품은 채 잠들어 있는 건물에 젊은층을 타깃으로 하는 감각적인 브랜드의 쇼룸이 등장하다니, 이 낯설고도 신선한 조합에 이곳은 곧바로 해운대의 필수 방문 코스, 핫플레이스가 되었고 지금도 발길이 끊이지 않는다.

해운대 대림맨션에 위치한 논픽션 부산 쇼룸

1970년대 건물에 있는 2019년생 브랜드의 쇼룸을 구경하면서, 사람들은 50여 년의 시간을 자발적으로 이어본다. 논픽션 브랜드의 시그니처 요소라 할 수 있는 테라조(와 유사한) 텍스처는 대림맨션의 도기다시 마감과 유사하고, 쇼룸 입구에 놓인 옅은 오렌지 컬러의 바닥 매트는 건물 외벽 타일의 컬러와 한통속이다. 그곳을 찾아온 사람들에게 뛰어난 제품이나 파격적인 가격 할인 같은 게 아니라 원형 로고, 딥그린 컬러, 테라조 텍스처, 해운대, '여행=논픽션'이라는 인식을 심어주며 브랜드를 강력하게 각인시킨다.

'세리머니 소비'에 최적화한다

오늘날의 소비자들은 그 순간을 '기억'하기 위해 소비한다. 필요해서 사는 게 아니라 살아가는 무수한 순간 속 특별한 기분과 특별한 다짐을 기록하고, 기억하기 위해 소비한다. 연장전 끝에 골을 넣은 축구선수가 그 순간을 자축하기 위해 세리머니를 펼치는 것처럼, 몇 개월간 고생한 프로젝트를 끝내고 홀가분한 기분을 만끽하기 위해, 혹은 이직을 앞두고 앞으로의 시간을 다짐하기 위해, 또는 다가오는 계절을 준비하기 위해, 오래 못 만난 친구의 안부를 묻기 위해서도 소비는 발생한다.

논픽션의 오프라인 채널 전략은 극도로 낮은 접근성을 핵심으로 한다. 한남동 쇼룸(대중교통 접근성 떨어짐), 세포라 매장(올리브영 대비 극히 적은 매장수) 모두 고객이 오프라인 매장을 직접 방문하기가 여간 까다롭지 않다. 그런데 그 많은 젊은 세대는 어떻게 논픽션 제품을 경험한 것일까? 해답은 온라인에 있었다. 독특하고 트렌디한 콘텐츠를 찾는 소수의 젊은층이 쇼룸을 방문해 인증샷을 찍고 인스타그램에 업로드하면, 피드를 본 팔로워들은 감각적인 쇼룸의 이미지로 브랜드를 인지하고, 자연스레 직접 경험하고 싶어진다. 이러한 니즈를 해소해주는 논픽션의 온라인 채널은 딱 두 곳, 공식 홈페이지와 카카오톡 선물하기다. 그중에서도 카카오톡 선물하기는 오늘날의 소비성향에 잘 맞는 채널 전략이다. '선물'이라는 소비의 명분을 제공할 뿐 아니라, 자신은 물론 타인에게도 브랜드를 경험하게 함으로써 자연스럽게 확산될 수 있다. 또한 오프라인에서 구매하건 온라인에서 구매하건 메시지 카드를 함께 제공해 기념을 위한 소비에 적합한 브랜드로 인식될 수 있도록 했다.

어떤 카테고리든 제품의 감성과 메시지가 차별적이라면 사람들은 그 제품이 있는 곳을 찾아간다. 흔하디흔한 치약이나 머그와 접시라 해서 왜 특별해질 수 없겠는가? 왜 치약은 가방보다 덜 중요하게 여기나? 왜 머그는 사은품으로만 여기는가? (젊은층이 좋아하는 솔트레인 치약과 법랑 브랜드 크로우캐넌을 참조하라.) 지금의 소비자들은 '차이'를 알아보는 선수들이다. 브랜드 또한 달라진 소비자의 눈높이에 맞춰 가치를 재정립하고 캐릭터를 만들어가야 한다.

논픽션 브랜드는 인스타그래머블 브랜드의 성공문법을 보여준다. 바로 '떠올리게 하는 것.' 원형 로고만 보아도, 딥그린 컬러 배경에 글리터 무늬만 보아도 논픽션을 떠올리게 했다. 시그니처는

지금의 소비자들은
'차이'를 알아보는 선수들이다.

기억을 장악한다. 시그니처는 브랜드를 각인시키고, 그 브랜드를 찾게 하며, 브랜드와 무관한 장소에서도 브랜드를 상기시키는 브랜드의 DNA다.

이미지 : '각도'의 미학을 배우다

2019년 8월, 한 트윗이 화제가 된 적 있다. 어떤 내용이건 마지막에 '여름이었다'로 끝내면 그럴싸한 문장이 된다는 것이었다. 예를 들면 이런 식이다. '오늘 하루 종일 넷플릭스를 봤다. 여름이었다.' '텐동을 처음 먹어봤다… 달착지근한 간장소스와 탱글바삭한 튀김과 고슬촉촉한 밥알들의 조화… 여름이었다.' 문장 서두의 지극히 일상적이고 신변잡기에 가까운 문구와 청춘영화의 회고조 대사를 연상시키는 '여름이었다'라는 문구의 대비가 색다른 느낌을 자아낼 수 있다는 것을 그 트위터리안은 어떻게 알았을까?

그런가 하면 방탄소년단의 '슈가'는 '무심한데 세심하고, 조용한데 시끄러운' 입체적인 성격을 가지고 있어 '따뜻한 아이스 아메리카노' 같은 성격으로 표현되기도 한다. '따뜻한 아이스 아메리카노'라는 말이 나와서 말인데, 이 표현은 말실수에서 비롯되었지만 실제로 존재할 수 있는 상태이기도 하다. (에스프레소에 따뜻한 물을 적게 타고, 거기에 얼음을 몇 개 넣으면 처음에는 따뜻한 아메리카노를 즐기다가 얼음이 녹으면서 아이스 아메리카노가 된다고 한다. 그렇다고 이 메뉴를 커피숍에서 만들어야 한다는 뜻은 아니다.) 현실세계를 생각해보자. 자취생은 '집 앞인데 집에 가고 싶은 심정'이 들 때가 있고, 재택근무를 하는 직장인은 '업무를 마쳤는데 퇴근하고 싶은' 기분이 들 때가 있다. 얼마나 공감하는가? 이러한 상황에 처해본 적 있다면 우리가 얼마나 복잡한 감수성을 지닌 존재인지 동의할 것이다.

아주 작은 차이도 예민하게 인식하고 다르게 느끼는 능력이 바로 '감수성'이다. 앞 문장과 뒷 문장의 무게감의 차이를 느끼고, 사전적 단어와 비유적 단어의 병치에서 화자가 처한 상황과 심정에 공감하며 '좋아요'를 누르는 우리. 소셜미디어 시대에 살며 역사상 유례없이 많은 텍스트와 이미지와 오디오를 소화하는 우리는, 하루에도 수십 개의 '띵언'과 '작품'을 마주하는 감수성의 시대에 살고 있다 해도 과언이 아닐 것이다.

소통의 매개로 주로 무얼 사용하느냐에 따라 예민하게 인식하는 감수성의 영역도 달라진다. 매일같이 사진을 찍어 올리고, 하루에도 수백 개의 이미지를 보고 해석하는 오늘날에 급속도로 발달한 감각은 바로 비주얼, 시각일 것이다. 이처럼 높아진 시각적 감수성을 대변하는 현상이 하나 있다. 바로 핀터레스트의 조용한 선전이다.

핀터레스트는 2010년 1월에 출시한 이미지 기반의 소셜미디어로, 인스타그램처럼 이미지를 매개로 하지만 사진을 통한 '소통'에 중점을 두는 인스타그램과 달리 '이미지 서치' 자체를 목적으로 한다. 10년이 넘었으니 비교적 오래된 SNS인데, 이제서야 대중의 관심을 받는 이유는 무엇일까? 소통을 목적으로 하지 않는 소셜미디

〈'핀터레스트' 언급 추이〉

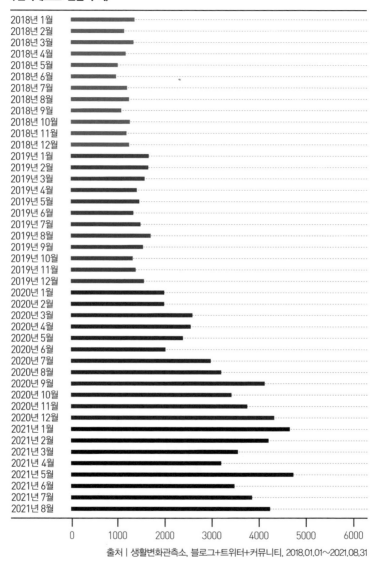

2018년 1월	
2018년 2월	
2018년 3월	
2018년 4월	
2018년 5월	
2018년 6월	
2018년 7월	
2018년 8월	
2018년 9월	
2018년 10월	
2018년 11월	
2018년 12월	
2019년 1월	
2019년 2월	
2019년 3월	
2019년 4월	
2019년 5월	
2019년 6월	
2019년 7월	
2019년 8월	
2019년 9월	
2019년 10월	
2019년 11월	
2019년 12월	
2020년 1월	
2020년 2월	
2020년 3월	
2020년 4월	
2020년 5월	
2020년 6월	
2020년 7월	
2020년 8월	
2020년 9월	
2020년 10월	
2020년 11월	
2020년 12월	
2021년 1월	
2021년 2월	
2021년 3월	
2021년 4월	
2021년 5월	
2021년 6월	
2021년 7월	
2021년 8월	

출처 | 생활변화관측소, 블로그+트위터+커뮤니티, 2018.01.01~2021.08.31

어가 어떻게 주목받는 소셜미디어가 될 수 있을까? 여기에는 환경의 변화가 우선한다.

디지털 시대에 우리는 자신을 표현할 수 있는 캔버스를 많이 갖게 되었다. 휴대폰의 잠금화면과 배경화면에 어떤 이미지를 올릴 것인가? 노트북의 배경화면은? 인스타그램 계정 프로필은? 트위터는, 카카오톡은 어떠한가? 우리를 나타낼 수 있는 캔버스가 너무 많아졌다. 그뿐인가? 우리를 작가로 거듭나게 하는 환경이 터무니없이 많다. 인스타그램 피드는 사진 퀄리티가 좋을수록 인기 있다. 이제는 블로그도 엄청난 필력이 아니고서야 텍스트만 올려서는 관심을 받을 수 없다. 심지어 쇼핑 후기를 남길 때에도 '도움이 돼요'를 얻기 위해서는 포토 리뷰로 올려야 한다. 매번 자화상(프로필)과 작품(포스트)을 만들어내고 있는 것이다.

작품으로 소통하는 문화에서 개인은 새로운 작품을 위해 영감을 주는 레퍼런스를 찾아 헤매는 창작자가 된다. 실제로 아티스트들에게만 필요하다고 여겨졌던 '영감'이라는 단어는 이제 일상에서 쓰이는 대중적인 용어가 되었다.

소셜미디어 시대에 소셜하지 않은 핀터레스트의 선전은 그동안 우리가 해온 '소통'이라는 것을 다시 생각해보게 한다. 끝없는 관계 맺기를 위한 의례적인 소통에 몰두하기보다 아름다운 이미지를 보고, 자신의 '취향'을 알아가는 것이 좀 더 발전적이라 여기는 사람들이 많아지는 것은 아닐까? 적어도 핀터레스트에서는 몇 명이 나를 팔로우하는지, 내가 얼마나 영향력 있는 사람인지, 그들과 소통하기 위해 얼마큼 노력하는지 보여주는 건 중요하지 않다. 그저 내가 원하는 순도 높은 이미지를 찾으며 이미지의 세계를 모험할 뿐이다.

핀터레스트는 비주얼 리터러시(visual literacy)를 높이는 데 최적화된 플랫폼이기도 하다. 고양이와 달을 배경으로 한 폰케이스를 커스텀으로 제작한다고 가정해보자. 핀터레스트에서 'cat and moon aesthetic'[2]을 검색하면 대체로 어두운 배경에 고양이의 실루엣이 보이는 이미지들이 수도 없이 뜰 것이다. 그 많은 이미지 가운데 무엇을 선택해야 할까? 자세히 보면 안 보이던 게 보인다. 어떤 이미지는 달이 저만치 보이고 두 마리의 고양이가 정답게 꼬리를 늘어뜨린 채 앉아 있어 '다정한 무드'를 전달하고, 어떤 이미지는 프레임에 꽉 찬 달 안에 고양이가 오버랩되어, 한때 세상을 지배했을 것 같은 이 생물의 '신비로움'을 부각시킨다. 또 어떤 이미지는 초승달 위에 앉아서 별을 따는 고양이를 그려내 '천진난만함'을 전달한다. 전체 프레임에 달과 고양이가 어떻게 구성되는가에 따라 고양이는 다정하거나, 신비롭거나, 천진난만한 존재가 된다. 이 무수한 디테일의 차이, 각도의 감각을 배우는 곳이 핀터레스트다.

또 핀터레스트는 언어를 이미지로 번역한다. 'classy'하다는 것은

---

2) 사전적으로 심미적, 미학적이라는 뜻을 담고 있는 'aesthetic'은 이미지를 중심으로 하는 인스타그램, 틱톡, 핀터레스트 등의 소셜미디어에서 감성적인 이미지를 찾을 때 유용한 키워드로, 'ㅇㅇ aesthetic' 하면 ㅇㅇ을 소재로 한, ㅇㅇ의 미학적(예쁘고, 느낌 있는, 감성적인) 정수를 담고 있는 이미지를 뜻한다.

핀터레스트 'cat and moon aesthetic' 검색 결과

어떤 스타일인가? 어떤 컬러, 어떤 아이템, 어떤 구도로 표현해낼 수 있을까? (핀터레스트에서 'classy aesthetic'이라고 검색해보자.) 핀터레스트는 'classy'가 대체로 화이트, 베이지, 블랙의 3가지 컬러를 벗어나지 않으며, 골드 액세서리를 비롯해 여유를 나타내는 와인잔 또는 커피잔을 들고 있는 무드로 표현된다고 알려준다.

역으로 유사한 형식의 이미지를 부르는 '언어'를 알려주기도 한다. 당신이 고전문학을 사랑하고, 〈해리 포터〉에 나오는 오래된 도서관, 박물관 느낌을 좋아해서 유사한 이미지를 찾는다고 가정해보자. 우선 '해리 포터'를 검색하면 영화 관련 이미지가 나오고, 그중에서 취향에 맞는 이미지를 클릭하면 그와 유사한 분위기의 이미지가 제안된다. 그러다 어느새 내 취향이 'dark academia'[3]라는 용어로 표현되고 있음을 알게 된다.

컬러와 구도, 각도에 따라 달라지는 이미지의 무수한 결을 헤아리는 능력을 배양하고, 다름을 표현하는 언어를 알려주고 또 만들어내는 핀터레스트는 소비자의 미적 감수성이 어디까지 도달했는지 알려준다. 지금의 소비자는 '홍대입구역 9번출구 룩'과 '클래식하면서 지루하지 않은 룩'을 이해하는, '차이'의 감수성에 밝은 사람들이다.

화법 : '나'에서 시작해 '우리'를 소환한다

차이의 감수성에 밝은 소비자의 마음을 사기 위해서는 브랜드의 외양(디자인적 요소)뿐 아니라 화법(발화에서 느껴지는 태도)도 더없이 중요하다. 특히 예전만큼 제품력의 차이가 크지 않고 정보가 투명하게 열람되는 시대, 브랜드의 레벨이 명확하게 구분되지 않는 시대에는 커뮤니케이션 방식이 브랜드의 사활을 결정하기도 한다.

핸드크림으로 유명한 호주 스킨케어 브랜드 '이솝'에 대한 일화

---

3) dark academia : 고전문학을 애정하고, 끝없는 배움과 성장을 추구하는, 지식과 학문에 대한 열정을 가진 스타일을 뜻하며, 주로 따뜻한 느낌을 주는 브라운 계열의 울 소재, 타탄체크 무늬, A라인 스커트 등의 비주얼 요소로 표현된다.

를 동료에게 들은 적이 있다. 이솝 핸드크림의 향, 제형, 패키지 디자인까지 너무 좋아서 계속 사용하고 있는데, 딱 한 가지 단점이 알루미늄 용기다 보니 사용 중에 알루미늄이 찢어져 내용물이 새는 경우가 많았다는 것이다. 그래서 어느 날 이솝 매장에 가서 점원에게 '용기가 알루미늄이라 중간에 샌다. 왜 소재를 개선하지 않느냐'고 약간의 원망을 섞어 말했다고 한다. 그랬더니 '우리 제품은 방부제가 포함되지 않아 원료의 신선함을 유지하기 위해 알루미늄을 사용한다. 불편하시더라도 양해해달라'는 답변이 돌아왔다고 한다. 결과적으로 그 동료는 이솝 브랜드를 더욱 좋아하게 되었다는 훈훈한 이야기다.

용기의 내구성을 포기하면서까지 지키고자 한 브랜드의 철학이 있고, 고객의 컴플레인에도 당황하지 않고 브랜드의 철학을 충실하게 학습하고 설명할 수 있는 대변인이 있었기에 이솝은 그 동료의 충성 브랜드로 남을 수 있었다.

이 사례는 '그냥 브랜드'가 '내 브랜드'가 되기 위한 힌트를 알려준다. 그것은 '성분이 안전하고 효능이 입증된 최상의 원료'라는 브랜드 철학을 지키기 위해 '사용 편의'라는 다른 가치를 포기했다는 것이다. 포기한 가치는 지키고자 한 가치를 강조하는 매력적인 내러티브가 된다. 많은 브랜드가 경쟁상황에서 자신의 강약점을 분석하고 약점을 보완하는 전략을 짜는데, 매력적인 브랜드가 되기 위해서는 그러한 분석 프레임을 벗어나는 과감함이 필요하지 않나 생각하게 된다.

또한 이들은 세심한 언어를 구사할 줄 알았다. 브랜드 혼자 철학을 간직한 게 아니라 구성원들도 그 철학을 충분히 학습하고 내재화함으로써 고객의 컴플레인에도 방어적이지 않고 우아하게 응대할 수 있었다. 이솝의 몇몇 시그니처 매장 직원들은 인근 맛집이나 미술관 등의 정보를 알아두고 추천해주기도 한다. 이때 매장 직원은 판매자가 아니라 나와 취향을 공유하는 대화 상대가 된다. 필자가 이솝 매장에서 느꼈던 것도 그 지점이었다. 고객에게 샘플을 챙겨줄 때에도 홍보를 위해 신제품 샘플을 주거나 누구에게나 권하는 베스트셀링 제품의 샘플을 주기보다, 고객에게 써보고 싶은 제품이 있는지 물어보는, 사람에게 관심을 표할 줄 아는 동등한 '사람'이라는 느낌이었다. 제품 디자인만 섬세한 게 아니라 채널 접점에서도 고객과의 관련성(relevance)을 갖기 위해 세심하게 브랜드 경험이 디자인되어 있는 것이다.

관련성. 지금도 많은 브랜드가 플랫폼 주도권을 갖기 위해 '어떻게 우리 브랜드 앱을 깔게 할 것인가', '어떻게 우리 브랜드의 카카오톡 채널을 추가하게 만들 것인가'를 고민한다. 그러나 이제 질문을 바꿔볼 것을 제안한다. '어떻게 고객을 우리 브랜드에 관여시킬 것인가'로 말이다.

고객을 개입시키는 방식, 브랜드에 관심 갖게 하는 방식이라면 최근 구독자가 늘어나고 있는 유튜브 플레이리스트의 화법을 참고할 만하다. 스타성과 재치로 무장한 유튜버계에 얼굴 없는 플레이리스트 계정이 인기다. 멜론 시대부터 있었던 플레이리스트가 새삼

포기한 가치는
지키고자 한 가치를 강조하는
매력적인 내러티브가 된다.

〈'플레이리스트' 언급 추이〉

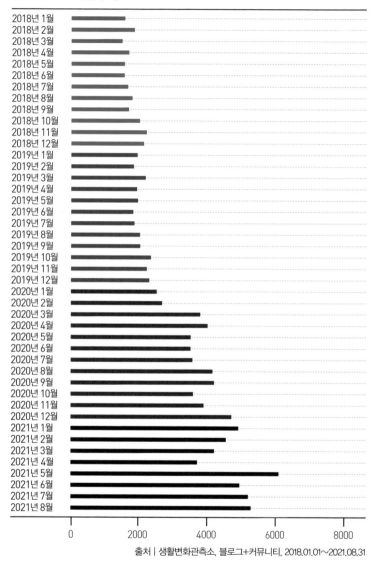

2018년 1월
2018년 2월
2018년 3월
2018년 4월
2018년 5월
2018년 6월
2018년 7월
2018년 8월
2018년 9월
2018년 10월
2018년 11월
2018년 12월
2019년 1월
2019년 2월
2019년 3월
2019년 4월
2019년 5월
2019년 6월
2019년 7월
2019년 8월
2019년 9월
2019년 10월
2019년 11월
2019년 12월
2020년 1월
2020년 2월
2020년 3월
2020년 4월
2020년 5월
2020년 6월
2020년 7월
2020년 8월
2020년 9월
2020년 10월
2020년 11월
2020년 12월
2021년 1월
2021년 2월
2021년 3월
2021년 4월
2021년 5월
2021년 6월
2021년 7월
2021년 8월

0   2000   4000   6000   8000

출처 | 생활변화관측소, 블로그+커뮤니티, 2018.01.01~2021.08.31

주목받는 이유는 뭘까?

유튜브 플레이리스트는 곡 구성 자체로는 컴필레이션 앨범의 그 것과 다를 바 없다. 컴필레이션 앨범은 아티스트의 앨범과 달리 오 리지널리티가 없어서 음반 기획사에서 주로 프로모션 상품으로 제 작하던 것이었다. 그런데 컴필레이션 앨범과 형식이 다를 바 없는 플레이리스트가 왜 지금 인기일까?

우선 유튜브 플레이리스트는 멜론 플레이리스트와 달리 썸네일 이 예쁘다. 각 계정은 직접 찍은 사진으로 플레이리스트 커버 사진 을 업로드하기도 하고, 폰트 디자인을 과감하게 얹어 집중도를 높 이기도 한다. 플레이리스트 계정 'essential;'은 감각적인 사진을 배 경으로 하는 썸네일 안에 자신의 계정(essential;)을 반복적으로 표 시함으로써 '#집스타그램' 속 TV 화면의 단골 플레이리스트가 되 었다. 까만 TV 화면은 프레임을 망치지만 유튜브 플레이리스트를 틀어놓으면 마치 액자처럼 예쁘게 찍히기 때문이다.

이미지의 중요성은 앞서 핀터레스트에서 충분히 이야기했고, 플 레이리스트에서 좀 더 강조하고 싶은 점은 '화법'이다. 유튜브 플 레이리스트가 기존의 플레이리스트와 다른 점은 무엇보다 '제목' 이다. 유튜브 플레이리스트는 제목으로 후킹한다. 그 전략은 3가지 로 나눌 수 있다.

첫 번째는 '나'를 드러내는 화법이다. 쳇 베이커의 음악을 리스트 에 올릴 때에도 그냥 쳇 베이커의 음악이 아니라 '내가 사랑한 쳇 베이커의 음악'(my blue valentine)이라고 소개하며 계정주의 취향으로서 '쳇 베이커'를 듣게 한다. 그냥 음악만 듣는 게 아니라 음악과 함께 누군가를 알아가는 즐거움이 있는 것이다.

두 번째는 음악의 장르나 가수를 내세우는 것이 아니라 개인의 일상에서 음악이 필요한 '순간'을 제시한다. 일할 때는 '내적 댄스 폭발하는 노동요'(유디제)를 같이 듣자고 제안하고, 과제를 할 때는 '코딩할 때 듣기 좋은 로파이 재즈 힙합'(Mood Rainbow)이 집중력을 높여줄 거라 말한다. 노력이 필요한 일, 매일을 버텨내는 일을 함께해보자고 격려하고, 북돋운다. 그런가 하면 해방의 감성을 나누기도 한다. '창문 열고 청소하다가 바람이 너무 좋아서 그냥 음악 틀고 누워버렸어'(리플레이LEEPLAY)라는 플레이리스트 제목을 보라. 사소하고 평범하지만 분명하게 있는 일상의 작은 기분, 감각, 감성을 나누고 혼자가 아님을 느끼게 된다. 일상의 순간을 포착한다는 점에서 유튜브 플레이리스트는 어떤 정제된 플레이리스트보다 라디오 방송이 가지고 있던 본연의 감성을 충실히 재현한다.

세 번째는 유튜브 플레이리스트 계정 가운데 거의 처음으로 유명해진 '때껄룩TAKE A LOOK'의 방식으로, 그는 아예 플레이리스트를 각 테마에 대해 함께 이야기하는 장으로 활용한다. 예를 들면 플레이리스트 제목이 '첫사랑 썰 푸는 곳'이라거나 'ENFP 엔프피 특징 적고 가기', '틱톡에 대한 자기 생각 적고 가기' 등 플레이리스트 감상자가 어떤 말이라도 하며 참여하도록 유도한다. 이로써 플레이리스트는 음악감상실이 아니라 일상의 편린을 나누고, 주제를 토론하는 장이 된다.

그냥 음악을 소개하는 것이 아니라 당신이 좋아하는 음악, 어떤 상황에서 우리가 같이 들었던 음악, 음악을 매개로 우리가 이야기 나누었던 순간을 환기시킴으로써 음악은 그냥 흘러가는 것이 아니라 기억 속에 자리잡게 된다. 아침을 깨우던 음악을 기억하듯이, 퇴근길에 자주 나오던 음악을 기억하듯이, 누군가와 이별 후 줄곧 들었던 음악을 기억하듯이, 플레이리스트의 화법은 개인의 삶 속에 있었지만 말해지지 않은 순간의 감각을 포착하고 기억 속의 정서를 불러일으킨다.

플레이리스트가 환기하는 정서의 힘을 업계에서도 알아보았는지, 최근 부쩍 콜라보레이션이 늘고 있다. 새롭게 출간된 책의 테마를 플레이리스트로 풀어내기도 하고, 새롭게 출시된 향수 제품의 감각을 전달하기 위해 플레이리스트가 만들어지기도 한다. 장르는 중요하지 않다. 장르에 국한되기보다 색다른 시도, 색다른 협업으로 이미지를 갱신하면서도 고유명사가 되는 것이 브랜드와 아티스트들의 꿈 아닐까?

화두 : '테마'가 있어야 멀리 간다

요즘은 정말 많은 브랜드가 콜라보를 시도한다. 소모되기 쉬운 브랜드의 이미지를 쇄신하고, 브랜드의 세계관을 확장하기 위해서다. 그러나 성공적인 콜라보레이션을 위해서는 전제조건이 있다.

바로 브랜드의 고유한 '테마'가 있어야 한다는 점이다.

2021년 7월 '넥스트 에피소드'(NEXT EPISODE) 앨범을 발매한 뮤지션 '악뮤'(AKMU)는 스펙트럼이 넓은 가수로 유명하다. 발랄한 댄스곡에서 잔잔한 발라드, 재즈 스타일까지 장르를 가리지 않으며, 그러면서도 그 장르를 본인들의 스타일대로 소화해내 '악뮤가 장르'라는 말이 돌 정도다.

이번에 발매한 앨범은 전곡을 뮤지션들과의 콜라보레이션으로 구성했다. 거기에 더해 앨범 활동 기간 동안 앨범 주제인 '초월자유'를 공간에서 경험할 수 있도록 오프라인 편집숍 내에 팝업스토어를 열기도 했다. 이야기하고자 하는 주제가 있다면, 이 주제를 다양하게 변주하는 방식은 아티스트의 전문성에 따라 앨범의 곡으로 펼쳐지기도 하고, 공간체험으로 확장될 수도 있다.

"악뮤는 기본 색깔의 장르를 한결같이 따르면서 다양하게 소리를 낼 수 있다는 게 참 음악을 똑똑하고 깨끗하게 하는 재주가 있어. Discipline 있단 게 참 대견하고 아낌없이 토닥여주고 싶은 가수야."

말하고자 하는 주제가 있고, 그 주제를 전달하기 위해서라면 경계는 무의미해졌다. 오히려 과감한 시도, 앞선 시도일수록 환영받는다. 가장 빠르게 트렌드를 실험하는 출판가에서도 이런 움직임은 나타난다. 출판사 위고×제철소×코난북스가 함께 펴내는 에세이 시리즈 '아무튼 시리즈'나 출판사 시간의흐름에서 펴내는 '말들의 흐름' 시리즈가 그 예다. '아무튼 시리즈'는 저자들이 저마다 좋아하는 하나의 주제에 대해 작은 문고본에 담아내며(《아무튼, 비건》,《아무튼, 장국영》,《아무튼, 여름》 등이 있다), '말들의 흐름' 시리즈는 여러 저자가 앞의 주제를 이어나가며 쓰는 연작(《커피와 담배》,《담배와 영화》,《영화와 시》 이런 식으로 이어진다) 형태다.

이들 시리즈물에서 저자의 인지도나 필력보다 오히려 더 중요한 것은 편집자의 기획력과 테마다. 결국 이 테마를 완성하는 것은 저자가 아니라 독자이기에, 작가주의에 입각한 콘텐츠를 완성하기 위해 머리를 쥐어뜯고 만든 작품(물론 그들은 너무나 귀한 존재다)보다는 다소 느슨하고 열려 있는 기획 시리즈를 '지속적으로' 발간하는 데 주안점을 둔다. 특정 테마를 주입하기보다 던지고 사유하게 함으로써 독자가 완성하게 하는 방식인 것이다.

"에세이 장르를 자제하기로 다짐했지만 아무튼 시리즈만큼은 예외로 해야겠다. 생각해보면 읽은 아무튼 시리즈가 모오두 성공했던 것은 아니다. 하지만 매력적이고 흥분시킨다는 점만은 분명하다. 특히 이 책 〈아무튼, 달리기〉가 그랬다. 달리고 싶어졌으니까."

브랜드가 성장하기 위해서는 플랫폼이 되어야 한다. 브랜드를 관통하는 테마가 유통되는 플랫폼이 되어야 한다. 거창한 시스템을 떠올리지 말고 간단하게 생각하자. 브랜드에서 가져가고자 하는 테마가 소통되는 공간, 장(場)이 되어야 한다는 의미다.

코로나19 이후 대부분의 시장이 디지털로 전환되면서 사람들이 현실세계에서 감각적으로 경험할 기회가 줄고 있다. 그래서 역설적으로 성장한 시장이 바로 향수 카테고리다. 수많은 향수 브랜드 중 대장주로 꼽히는 프랑스 향수 브랜드 '프레데릭말'은 아예 에디션 드 퍼퓸(Editions de Parfums), 즉 향수 출판사를 브랜드 컨셉으로 내세운다. 보통의 향수 브랜드가 패션 하우스에 종속되거나 뛰어난 조향사 한 명이 주도해서 설립하는 것과는 다른 방식이다. 프레데릭말 퍼퓸하우스와 계약한 15명 안팎의 조향사들은 제작비용이나 기간에 상관없이 최고의 향수를 만들어달라는 주문을 받는다. '작가'는 최고의 작품을 창조하는 데 집중하고, 제작사는 최고의 작품이 탄생하게끔 무대를 제공하는 것이다. 창업자 프레데릭말(Frederic Malle)은 자신의 업에 대해 "업계 최고의 조향사들이 자유롭게 스스로를 표현하도록 한다"고 했다. 오케스트라의 지휘자를 연상케 하는 말이다. 이렇게 제작된 향수는 조향사의 서명과 제품명이 새겨진 책 모양 박스에 담겨 판매된다. 프레데릭말의 향수가 제품이 아닌 작품이 될 수 있는 이유다.

서사 : 잊히지 않는 브랜드가 되기 위하여

2~3년 전쯤, 상대방을 고려하지 않고 지나치게 많은 디테일을 곁들여 말하는 사람에게 핀잔을 주는 표현으로 'TMI'(too much information)라는 단어가 널리 회자된 적 있다. 정보의 홍수 속에 너무 많은 정보는 어색한 침묵보다 더 불편한 것으로 여겨졌다. 그리고 지금은 하나의 흐름을 가지고 다양한 에피소드를 엮은 '서사'라는 용어가 뜨고 있다.

소셜미디어에서 '서사'의 용례란 이러하다. 첫 번째, 본인이 '팬질'하는 아이돌의 분위기 있어 보이는 스냅 사진을 보고 '그 얼굴

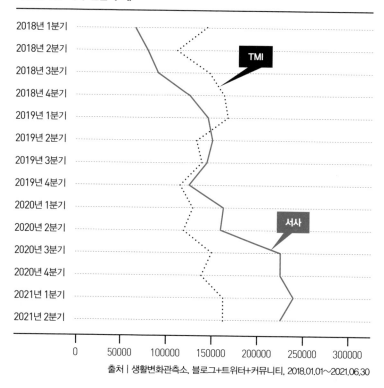

〈'TMI' vs. '서사' 언급 추이〉

출처 | 생활변화관측소, 블로그+트위터+커뮤니티, 2018.01.01~2021.06.30

로 서사 오조 오억 개도 쓸 수 있다'며 다양한 스토리를 응축한 듯한 얼굴에 찬사를 보내는 것이다. 두 번째는 김연경, 안산 선수 등 올림픽 영웅들의 과거와 현재 사진을 오버랩하며 지금이 있기까지 생략된 시간을 서사라 부르기도 한다. 결과 그 자체보다 결과에 이르기까지의 과정을 사려 깊게 생각하는 표현이다. 그 외에도 웹소설, 웹툰의 스토리를 '구원서사', '여성서사' 등 주제 및 소재에 따라 구분해서 부르기도 한다.

용례를 통해 보건대 TMI 시대에서 서사의 시대로의 전환은 '너무 많은 정보를 주지 말라'에서 '너무 많은 정보를 어떻게 매력적으로 각색할 것인가'로 무게중심이 옮겨간 것이라 해석할 수 있다.

이러한 서사에서 우리가 놓치지 말아야 할 점이 있다. 오늘날의 서사는 쓴 사람이 보여주기보다는 다른 사람이 '발견해주는 것'에 가깝다는 점이다. 오뚜기는 스스로 착한 브랜드라고 말한 적이 없다. 그저 묵묵히 선행을 해왔고, 그것을 어느 순간 사람들이 발견해준 것이다. 올림픽 영웅들도 마찬가지다. 자신의 성장 서사에 대해 직접 말하지 않는다. 그들의 활약을 본 사람들이 오늘이 있기까지 무수히 노력했던 과정과 시간을 되새기고 서사로 엮어 그들에게 월계관을 씌워주는 것이다. 이와 반대로 극악한 범죄자에게는 '서사를 부여하지 말라'는 목소리가 높다. 그것은 이해받아서도 안 되고, 다른 사람에게 기억될 자격이 없다는 것이다.

즉 서사를 갖기 위해서는 자격이 필요하다. '서사'는 이 시대의 새로운 품격이자 존엄이 되었다.

"오늘 한국 여자배구팀이 일본팀에 대항해 거둔 승리로, 그 얄미운 느낌을 씻어내고, 기회가 닿는다면, 전체 아시아 여성의 승리 서사를 그린 영화로 볼 수도 있겠다…"

"김안산, 양궁팀… 알면 알수록 더 서사 가득 교훈 가득… 언니 때문에 양궁을 알게 되고 내 마인드도 바뀌고… 내가 좋아하는 마음이 더 커져가고 있어ㅜㅜㅜ 대한민국 양궁팀 응원하고 사랑해요… 최고"

"아무리 매력적인 악인이라도 악인일 뿐이고 그의 악행과 범죄사실을 생각하면 온전히 좋아할 순 없음. 서사가 있든 불우한 유년시절이 있었건 범죄로 인한 피해자가 존재한다는 것만으로도 애정을 보낼 수 없게 되는 거…"

만화 〈원피스〉를 본 사람이라면, 혹은 보지 않았더라도 인터넷에서 한 번쯤 접했을 법한 명대사가 있다. 만화 속 위대한 의사 히루루크가 죽기 전에 남긴 말이다.

"사람이 언제 죽는다고 생각하나? 심장이 총알에 뚫렸을 때? 불치의 병에 걸렸을 때? 맹독 버섯 수프를 마실 때? 아니… 사람들에게 잊혀졌을 때다."

수많은 패러디가 떠올라 웃음을 유발하기도 하지만 이 명대사는 영원성에 대한 갈망과, 사람이 존엄을 갖는다는 것에 대해 생각해보게 한다. 살아 있다는 것은 다른 사람에게 기억된다는 것에 다름 아니다.

브랜드도 살아 있으려면 누군가에게 기억되어야 한다. 홍보가 스

'서사'는 나와 이해관계 없는
사람에 의해 발견되는 과정을
필연적으로 동반하는 우연의 선물이다.

스로 말하는 것이고, 마케팅이 다른 사람의 입을 빌려 말하는 것이라면 브랜딩은 이해관계 없는 누군가가 나 대신 말하는 것이다. 즉 브랜드를 살아 있게 하는 것은 브랜딩이다. 어떤 이해관계도 없는 사람들이 그 브랜드의 시그니처를 기억하고, 그 브랜드의 태도와 언어를 기억하고, 말해지지 않은 부분까지 찾아서 다른 사람에게 서사로 구전하는 아이콘이 되어야 한다.

학창 시절 방과 후 오락실에 들르곤 했던 사람이라면 '틀린 그림 찾기' 게임을 기억할 것이다. 유사한 사진 2개에서 다른 부분을 찾는 아케이드 게임으로, 본래 이름은 'spot the difference'이니 한국어로 번역하면 '틀린 그림 찾기'가 아니라 '다른 그림 찾기'가 맞다. 그런데도 우리나라에서는 왜 '틀린 그림 찾기'로 번역되어 들어왔을까?

우리는 오랫동안 기존에 정립되어 있던 사회적 가치관에 맞춰 세상과 사람을 구분해왔다. 매우 편리한 방식이지만, 서로의 차이에 대한 존중은 없었다. 그리고 지금 우리 사회는 서로의 차이를 알고, 서로를 인정하는 태도가 중요해진 '감수성'의 시대에 도달해 있다. 그러므로 8장의 제목인 '감수성 전쟁'이라는 표현은 각도에 따라 다르게 해석될 수 있다. 세대 간의, 젠더 간의, 지역 간의 싸움이 될 수도 있고, 또 각도에 따라서는 서로의 다름과 차이를 알아가는 '즐거운' 전쟁이 될 수도 있다. 새로운 향을 알아가는 즐거움, 이 향과 저 향의 차이를 알아가는 즐거움. 차이를 안다는 것은 세상을 발견해가는 즐거움이다.

작품은 미술관에만 있는 게 아니고, 어떻게 나를 보여줄 것인가, 어떤 스타일과 화법으로 보여줄 것인가의 문제는 브랜드에 국한되지 않는다. 지금 거리로 나가보자. 컬러를 매칭하고, 소재감을 배합하고, 날씨와 상황까지 고려해서 심혈을 기울여 완성한 '데일리룩'이라는 작품을 입은 사람들이 거리를 활보하고 있다.

시인 쉼보르스카(Wisława Szymborska)는 〈두 번은 없다〉에서 이렇게 노래했다. "미소 짓고, 어깨동무하며 우리 함께 일치점을 찾아보자, 비록 우리가 두 개의 투명한 물방울처럼 서로 다를지라도"라고. 이제 이렇게 바꿔 말해보면 어떨까? 미소 짓고, 어깨동무하며 우리 함께 일치점을 찾아보자, 우리는 두 개의 투명한 물방울처럼 서로 다르므로.

"진화는 진보가 아니라 다양성의 증가다."

— 스티븐 제이 굴드, 생물학자

시그니처 '경험'에 투자하자

브랜드가 제안하는 고유의 감성은 브랜드의 제품이 아닌 브랜드의 액티비티를 총체적으로 '경험'함으로써 전달된다. '고급'이 아니라더라도 '고유'가 되어야 하는 브랜드라면 고유한 시그니처 경험을 제공할 수 있어야 한다. 우리 브랜드가 차별적으로 주는 시그니처 경험은 무엇인지 고민하자.

새로운 격은 '격의 없음'에서 온다

브랜드의 위상과 서열을 구분하는 시대는 갔다. 성숙해진 소비자는 브랜드의 계급과 네임 밸류가 아닌 브랜드의 스토리, 브랜드의 애티튜드를 산다. 완성도로 승부하는 '어나더 레벨'의 브랜드보다 단점은 있더라도 그를 뛰어넘는 가능성을 보여준 '넥스트 레벨'이 궁금해지는 브랜드가 되자.

결과가 아닌 '과정'이 콘텐츠다

결과가 사실이라면, 결과에 이르기까지 시도된 무수한 과정은 이야기다. '사실'은 뉴스에서 듣는 것이고, 사람들이 듣고 싶은 것은 '이야기'다. 결과가 아닌 과정을 공유하고 소통하자. 그 과정을 기억하는 누군가가 당신이라는 콘텐츠를 발굴해낼 수 있도록. 브랜딩의 세계에서 과거는 콘텐츠로 부활한다.

책임감의 시대에서 라이프스타일의 시대로, 라이프스타일의 시대에서 신념의 시대로

대표적인 식품 브랜드의 광고를 상기해보자. 2000년대 이전 광고는 엄마를 대표하는 모델이 나와서 엄마의 마음으로 만들었음을 강조했다. 이때 엄마는 가족의 식사를 챙기는 것을 업으로 하는 책임감 있는 엄마다. 엄마다움이 무엇보다 중요한 미덕이었다.

2010년대 강조된 것은 라이프스타일이다. 새로운 라이프스타일을 받아들이고 선보일 수 있는 안목과 취향이 중요했다. 라이프스타일은 밀레니얼 세대의 대표적인 키워드로 스타일, 분위기, 디테일, 급을 지닌다. 사실은 유행이지만 내 스타일이라고 말하는 시대. 느낌적인 느낌을 연출하는 시대. 디테일을 어디까지 챙길 수 있는지가 관건이고 그에 따라 급이 나뉘는 시대.

라이프스타일도 진화한다. 바라보는 '킨포크 라이프'에서 적용하는 '오늘의집', 대중화된 '비스포크'까지. 2014년 하반기에 급상승한 〈킨포크〉는 건강하고 여유롭고 소소한 일상을 표방하지만, 현실적으로 소소하게 실현하기는 어려운 당시의 힙한 카페나 식당에 무심한 듯 꽂혀 있는 잡지였다. 화려하거나 인위적이지 않은, 외국 어딘가에 사는 누군가의 삶처럼 보이는, 카페에서 유사한 사진 한

장은 남길 수 있지만 내 집에 적용하기는 어려운, 동경하는 라이프 스타일이었다.

2014년 서비스를 론칭해 2016년부터 커머스를 시작한 '오늘의 집'은 동경하는 라이프스타일을 내가 사는 바로 이 집에 적용할 수 있는 방법과 예시를 제시했다. 작은 집, 월세 집을 인테리어 공사 없이도 작은 소품부터 분위기 전체까지 어떻게 바꿀 수 있는지부터, 바꾸기 위한 제품은 바로 여기서 가성비 있게 구매할 수 있다는 정보까지, 무엇보다 지금 살고 있는 집의 스타일은 참고 살 만하지 않다는 사실을 가르쳤다. 먹는 것, 입는 것, 사는 집에 대한 기준을 비롯해 전체적인 라이프스타일의 눈높이가 올라갔다.

2019년 출시된 비스포크 냉장고는 라이프스타일, 어찌 보면 인테리어에 대한 달라진 눈높이를 반영한 결과다. 인테리어를 강조한 비스포크 냉장고는 인테리어에 남다른 감각을 지닌 사람들만을 위한 냉장고가 아니라 대한민국 대중 모두를 위한 냉장고가 되었다. 배가 툭 튀어나온 메탈 재질의 냉장고를 군이 사려면 살 수도 있겠지만 대세는 슬림하고 컬러풀한, 나에게 맞춰 색상을 골라야 하는 냉장고가 되었다.

라이프스타일은 이렇게 판타지에서 현실이 되었다. 전보다 업그레이드된 라이프스타일이 사라지는 것은 아니지만 2020년대에는 더이상 새롭지가 않다. '라이프스타일'이라는 단어 자체가 새로움을 불러일으키지 못한다.

2020년대는 신념의 시대다. 여기서 신념은 무섭고 무거운 것이 아니다. 신념은 돈을 포기하는 것도 아니고, 예쁘지 않은 것은 더욱더 아니다. 10대 커뮤니티에서 가장 많이 나오는 가치 표현어인 '진심'이라고 표현되는 것이다. '나는 ○○에 진심'이라고 말할 때 그 대상이 반드시 진지한 것, 착한 것은 아니다. 다꾸(다이어리 꾸미기)에 진심, 보라색에 진심, 떡볶이에 진심 등.

브랜드도 내가 무엇에 진심인지 밝혀야 하는 때다. 책임감과 신뢰의 브랜드에서 라이프스타일을 제시하는 브랜드로 이동했다면, 이제는 브랜드의 신념을 밝힐 때다. 브랜드의 신념 역시 반드시 거창하고 착하기만 할 필요는 없다. 두부에 진심, 초록에 진심, 지구에 진심 등. 브랜드 전체가 하나에만 진심일 수 없다면 라인을 나누고, 사람을 나누고, 시기를 나누어서라도 진심 영역을 제시해야 한다. 그래야 진심으로 좋아하는 사람이 떠들어줄 것이다. 떠들어주는 사람이 있어야 쉽고 거대한 정보 공동체의 바다에서 잊히지 않는 브랜드가 될 수 있다.

당신의 브랜드는 무엇에 진심인가요?